¡TESTIFICA!

Cómo Superar los Obstáculos que Impiden la Evangelización Personal

DELOS MILES

Traducido por
Jorge A. González

Casa Bautista de Publicaciones

CASA BAUTISTA DE PUBLICACIONES
Apartado 4255, El Paso, Tx. 79914 EE. UU. de A.

Agencias de Distribución
ARGENTINA: Rivadavia 3464, 1203 Buenos Aires
BELICE: Box 952, Belice
BRASIL: Rua Silva Vale 781, Río de Janeiro
BOLIVIA: Casilla 2516, Santa Cruz
COLOMBIA: Apartado Aéreo 55294, Bogotá 2 D. E.
COSTA RICA: Apartado 285, San Pedro
CHILE: Casilla 1253, Santiago
ECUADOR: Casilla 3236, Guayaquil
EL SALVADOR: 10 Calle Pte. 124, San Salvador
ESPAÑA: Arimón 42, 08022, Barcelona
ESTADOS UNIDOS: Broadman: 127 Ninth Ave.,
Nashville, Tenn., 37234
GUATEMALA: 12 Calle 9-54, Zona 1,
01001 Guatemala
HONDURAS: 4 Calle 9 Avenida, Tegucigalpa
MEXICO: José Rivera No. 145-1
Col. Moctezuma 1ª Sección
15500, México, D. F.
Vizcaínas 16 Ote.
México, D. F. 06080
Matamoros 344 Pte.
Torreón, Coahuila, México
NICARAGUA: Apartado 5776, Managua
PANAMA: Apartado 5363, Panamá 5
PARAGUAY: Pettirossi 595, Asunción
PERU: Apartado 3177, Lima
REPUBLICA DOMINICANA: Apartado 880, Santo Domingo
URUGUAY: Casilla 14052, Montevideo
VENEZUELA: Apartado 152, Valencia 2001-A

© Copyright 1990, Casa Bautista de Publicaciones.
Todos los derechos reservados.
Prohibida su reproducción total o parcial.

Primera edición: 1990

Clasificación Decimal Dewey: 269.2
Tema: Obra de Evangelización

ISBN: 0-311-13850-0
C.B.P. Art. No. 13850

4 M 8 90

Printed in U.S.A. 4818-98

Dedicado a la memoria de Harold B. Dunn,
un humilde laico cristiano
de Virginia,
con quien compartí muchas horas
pescando hombres.

Indice

Prefacio	7
1. El Obstáculo del Temor Objeción: "Tengo miedo."	11
2. El Obstáculo del Perfeccionismo Objeción: "No soy lo suficientemente bueno."	19
3. El Obstáculo del Don Espiritual Objeción: "Yo no tengo el don."	28
4. El Obstáculo del Profesionalismo Objeción: "Ese es el trabajo del pastor."	37
5. El Obstáculo del Modelo Objeción: "Yo no soy ningún Billy Graham."	45
6. El Obstáculo del Tiempo Objeción: "Pero no tengo tiempo."	53
7. El Obstáculo del Conocimiento Objeción: "No sé cómo hacerlo."	61
8. El Obstáculo del Poder Objeción: "No tengo el poder para hacerlo."	75
9. El Obstáculo Teológico Objeción: "Yo no creo..."	85
10. El Obstáculo del Desconocido Objeción: "No se puede testificar ante el desconocido."	96
11. El Obstáculo de la Edad Objeción: "Soy demasiado anciano."	108
12. El Obstáculo de la Familiaridad y la Amistad Objeción: "Soy demasiado cercano."	119

Prefacio

He aquí un misterio: a menudo le lleva más tiempo a Dios hacer que un creyente esté listo para testificar que hacer que un perdido esté listo para ser salvo. Algunas personas no son salvas porque nadie les ha invitado al banquete del reino (vea Mateo 22:1-14; Lucas 14:12-24). Pregúnteles y verá.

Este libro se refiere a cómo romper los obstáculos para el testimonio; obstáculos que en su mayoría son internos. En esencia, me propongo responder a la pregunta: "¿Cómo podemos superar esas objeciones que presentan los creyentes en cuanto a compartir su fe?"

Muchas personas se han dedicado a los obstáculos externos en cuanto al testimonio. Se ha escrito bastante sobre cómo superar las excusas y objeciones que presentan los no creyentes para hacerse cristianos. Yo no propongo tratar otra vez ese aspecto.

Lo que quiero hacer aquí es confrontar esas objeciones que dan los creyentes para no ser testigos activos e intencionales de Jesucristo entre sus familiares, amigos, vecinos, compañeros de trabajo, conocidos y entre los extraños. Escribí estos capítulos principalmente para los creyentes laicos que quieren seriamente superar esos obstáculos para el testimonio; obstáculos que reconocen en sí mismos y en sus compañeros. Este libro también se dirige a pastores y otros líderes de la iglesia que necesitan una herramienta para ayudar a que su congregación venza las objeciones que tienen ante las palabras de Jesús: "Me seréis testigos... hasta lo último de la tierra" (Hech. 1:8).

A. C. Archibald encontró cinco factores principales en la

conversión de una persona: Dios, la Biblia, el evangelio de Cristo, el Espíritu Santo y la participación del hombre. Encontró que los primeros cuatro factores funcionan siempre en cualquier intento de ganar a los perdidos. "Son más seguros que las estrellas", dijo. Pero encontró que el último factor, el de la agencia humana, es incierto.

Ese quinto factor, el que Archibald llama "la agencia del hombre", es el tema de mi libro. Mi interés se concentra particularmente en el agente humano que se autodenomina "cristiano".

La presidenta de cierta Unión Femenil Misionera dio tres razones para no testificar:

- "No creí que Dios esperara que yo testificara."
- "No sabía cómo hacerlo."
- "No creí que yo tuviera un testimonio para compartir."

Cierta vez se hizo un estudio comparativo entre las personas que testificaban y las que no lo hacían, en un grupo de bautistas. El mismo reveló que los tres obstáculos principales para testificar eran: (1) la falta de dependencia del Espíritu Santo; (2) la falta de conocimiento en cuanto a cómo hacerlo; y (3) el tipo de personalidad no dado al testimonio personal. Lo que resulta interesante es que tanto los que testificaban como los que no, mencionaron los tres obstáculos, pero en diferente orden. Los que no testificaban los ordenaron así: (2), (3) y (1).

Joyce Neville, miembro de una iglesia episcopal, dice: "Hay una docena de obstáculos que impiden que los creyentes hablen de su fe." Luego procede a mencionar y discutir brevemente diez de esas doce barreras. Aunque en cierto modo las mismas se superponen con los obstáculos y las razones mencionadas anteriormente, puede resultarnos útil comparar la lista de Neville con la anterior y con los doce puntos que yo presento.

Los diez obstáculos que identifica Neville son:

- Nuestra falta de percepción de las oportunidades inesperadas.
- Nuestra falta de valor para testificar.
- No queremos que nuestra relación con otra persona sea amenazada.

- No sabemos cómo empezar a hablar de temas espirituales.
- Nos parece que vamos a dar la idea de que queremos decir a los demás cómo vivir sus vidas.
- Requiere más conocimiento y demanda más tiempo y participación del que estamos dispuestos a dar.
- Muchos creyentes piensan que para testificar verbalmente tienen que tener una personalidad agresiva.
- Algunos creen que debemos ser teólogos o poder citar muchos pasajes de la Biblia.
- Podemos pensar que en el aspecto espiritual no tenemos nada para transmitir a otro.
- Creemos que la gente no se interesa por los temas espirituales.

Creo que los doce obstáculos de mi tema van a tratar con todas las dieciséis barreras que hemos mencionado. Estoy convencido de que cada generación de creyentes es responsable de evangelizar a los perdidos de su generación. Los únicos perdidos a los cuales podemos evangelizar con efectividad son aquellos que viven en este momento o que estarán vivos durante nuestra vida.

Además, estoy convencido de que si salimos a compartir nuestra fe sin conocerla, terminaremos tratando de compartir ignorancia con ignorancia. En este punto es donde las organizaciones como *Evangelismo Explosivo* y otras que se ocupan de capacitar para el testimonio adquieren vital importancia. Al igual que C. H. Spurgeon yo advierto a mis alumnos que no piensen nebulosamente ni prediquen en una nube.

Una máxima de un sabio carpintero dice: "Mide dos veces y asierra una." Algunos de nosotros no medimos ni siquiera una vez antes de aserrar. Una de mis metas con este libro es hacer que los creyentes midamos dos veces y aserremos una. Quiero que la pasión de mi vida y de la suya sea pescar hombres, pero no hacerlo indiscriminadamente.

Roger C. Palms, editor de la revista *Decisión*, relata que cierta vez se vio un cartel en la ribera del río Minnesota anunciando que por un breve tiempo se permitiría la "pesca indiscriminada". Aunque usted no lo crea, el aviso había sido colocado por las autoridades de caza y pesca. Lo que sucedía era que un gran número de peces carpas se estaban ahogando debido a un nivel de agua muy bajo. Durante varias semanas la gente podía pescar con lanzas, mazos, redes, anzuelos o cualquier otro método. Aparentemente las autoridades juzgaron que la pesca indiscriminada sería mejor que permitir que los peces murieran por la escasez de oxígeno en el agua. Tal pesca indiscriminada produjo el resultado de grandes masas de peces muertos que se amontonaban en la ribera. ¡Qué aspecto tan feo y qué olor tan horrible!

Piense en esa "pesca indiscriminada". Dios nunca coloca avisos como ese. Si nosotros como cristianos hacemos cualquier pesca indiscriminada de hombres, lo estaremos haciendo ilegalmente. Estaremos quebrantando la ley del amor. En la pesca de hombres, la pesca indiscriminada nunca es permitida. Los mazos y las lanzas no se permiten en el delicado arte de pescar hombres.

1
El Obstáculo del Temor

Objeción: "Tengo miedo."

Enseñanza Escritural: *Jeremías 4:22; 2 Timoteo 1:3-14*

Introducción

El diablo se dedica a la empresa de levantar obstáculos para impedir que compartamos nuestra fe. El es el arquitecto de una gran carrera de obstáculos para el testimonio. Uno de los obstáculos más formidables que nos pone por delante es el temor. El factor temor generalmente está encerrado en la objeción: "Tengo miedo."

Una encuesta realizada en una cruzada de Billy Graham formulaba esta pregunta: "¿Cuál es el obstáculo más grande para testificar?" Cincuenta y uno por ciento respondieron que era el temor a cómo reaccionaría la otra persona.

Hace un tiempo leí un artículo que sugería siete razones posibles por las que los pastores se resisten a visitar a los miembros en sus hogares. Dos de esas siete estaban relacionadas con el temor. El autor sugería que los pastores pueden tener temor a la intimidad o a la crítica. El escritorio y el púlpito nos permiten mantener cierta distancia. Tenemos miedo a escuchar la crítica porque nos hace vulnerables y acarrea dolor.

Aparentemente, algunos de nosotros no testificamos porque tenemos miedo de que nos rechacen, miedo de que nos ofendan, miedo de ser ofensivos o miedo de fracasar. Hasta puede que tengamos miedo de que nos muerda un perro. Dos alumnos míos, cuando estaban testificando casa por casa, fueron mordidos por diferentes perros el mismo día. Fue una experiencia dolorosa para ellos. Experiencias así pueden apagar el deseo de testificar.

La Mayoría No Nos Rechaza

Permítame compartir varias cosas que me fueron de ayuda para vencer el temor. Primera, una abrumadora mayoría de personas no nos rechaza cuando nos acercamos a ellas con el evangelio. Por el contrario, nos reciben con interés y nos tratan con respeto y cortesía. Algunos hasta reciben nuestro mensaje con mucho gozo. Menos del uno por ciento de las personas a quienes me acerqué para testificar han sido bruscas, mal habladas, insultantes, amenazantes o violentas. Por lo tanto, las probabilidades son que noventa y nueve de cada cien personas a quienes vamos con un buen espíritu, nos recibirán con un buen espíritu.

Aquellos que no nos reciben bien o no responden positivamente a nuestro testimonio, no necesariamente nos están rechazando personalmente. Puede ser que simplemente estén rechazando nuestro mensaje o nuestro estilo. Ellos tienen derecho a hacerlo. Parte de la dignidad humana es la libertad de decir "no" aun hasta al Creador. Para decirlo de una manera más fuerte, uno tiene el derecho de irse al infierno, si así lo desea.

El Aroma de Cristo

Esto me lleva a la segunda cosa que me ha ayudado en superar el obstáculo del temor. Testificar es algo así como desparramar la fragancia de un perfume suave. En realidad, Pablo dijo que Dios "por medio de nosotros manifiesta en todo lugar el olor de su conocimiento. Porque para Dios somos grato olor de Cristo en los que se salvan, y en los que se pierden" (2 Cor. 2:14, 15).

El problema es que no a todos les gusta el aroma de nuestro perfume. Como dice Pablo somos "a éstos ciertamente olor de muerte para muerte, y a aquéllos olor de vida para vida" (2 Cor. 2:16). Con razón el Apóstol continuó con la exclamación: "Y

El Obstáculo del Temor

para estas cosas, ¿quién es suficiente?" (2 Cor. 2:16). Cuando nos ofrecemos como sacrificios vivos a Dios, el dulce aroma de nuestro sacrificio que se eleva a Dios para que todos lo puedan sentir hace que algunos lo acepten y otros lo rechacen. El aroma de ese perfume cristiano traerá vida a los que se salvan, pero traerá muerte a los que perecen. Por esto, nuestra vocación de testificar tiene un factor acoplado que puede provocar la hostilidad y oposición de los poderes de la muerte y la obscuridad.

No se puede negar que hay un aspecto negativo intrínseco al evangelio que hace que algunas personas lo rechacen. Las buenas nuevas son tontería para algunos y piedra de tropiezo para otros. Yo sé que no soy suficiente para llevar un perfume tan pesado. Y sin embargo, debo hacerlo porque el amor no me deja otra posibilidad. Este reconocimiento del poder negativo de mi perfume me ayuda a vencer el obstáculo del temor.

Una Idea Correcta del Exito

Un concepto adecuado de lo que es el éxito también me ha ayudado a romper la barrera del temor. Realmente no hay tal cosa como el fracaso en el testimonio. El único fracaso posible en relación al testimonio es el no testificar, la falta de aprovechar las oportunidades que Dios nos da para compartir. Significa ser fieles a Cristo. Significa ser, hacer y decir todo cuanto podemos. Si hacemos todo lo que podemos, eso es tener éxito según las normas de Dios.

No estoy diciendo que el éxito no tiene nada que ver con números y estadísticas. Sin embargo, el testigo cristiano no definirá el éxito con las normas humanas de victoria, ventas y fama.

Testificar no es coleccionar cabezas para poder alardear ante otros cristianos. No es añadir nuevas muescas a nuestra pistola de la evangelización. Más bien, testificar es compartir con otros lo que Dios ha hecho por nosotros a través de Cristo. Es hacer discípulos. Por esto, no le temo al fracaso tanto como a la infidelidad ante mis oportunidades y a la posible infidelidad al evangelio. No quisiera operar al nivel de los que andan "negociando con el mensaje de Dios" (2 Cor. 2:17, V.P.).

Ganancias a Corto Plazo Versus Ganancias a Largo Plazo

Aún hay una cuarta cosa que me ayuda a derribar el obstáculo del temor; es la idea de invertir en ganancias a largo plazo en vez de aquellas a corto plazo. El testigo que está demasiado interesado en las ganancias a corto plazo debe tener temor de volverse ofensivo.

Cuando estamos demasiado ansiosos por estas conquistas rápidas en nuestro ministerio, corremos el riesgo de utilizar caminos deshonrosos y poco limpios. Nos abrimos a la posibilidad de practicar la astucia, la manipulación y el soborno respecto de la Palabra de Dios (ver 2 Cor. 4:2). La presión para tener éxito de acuerdo con las normas del mundo, nos puede llevar a buscar lo instantáneo en el testimonio, lo que resulta en la pérdida de la integridad.

Las personas que usan métodos y estilos ofensivos para testificar, generalmente apuntan a la mediocridad en vez de invertir en ganancias a largo plazo. Están más interesados en hacer que sus convertidos entren por la puerta del templo que en evitar que salgan por esa misma u otra puerta.

Si en nuestro testimonio invertimos en ganancias a largo plazo, no nos sentiremos presionados por los resultados inmediatos. Debemos tranquilizarnos y dejar los resultados a Dios. "Nuestra responsabilidad es la obediencia", escribe Joyce Neville; "los resultados son responsabilidad de Dios."

Una Escala de Receptividad

Todos pueden ubicarse en algún lugar de la escala de receptividad al evangelio. Esta es la quinta idea que me ayuda a no sentirme presionado y temeroso en mi testimonio. Si construimos una escala de receptividad al evangelio que vaya desde cero hasta diez, algunos de nuestros discípulos potenciales estarán en el diez y otros en el cero. Unos estarán en el cinco y otros en el siete.

No podemos esperar que la persona que está en el nivel más bajo de la escala responda a nuestro testimonio de la misma manera que la que está en el nivel más alto. El éxito, cuando se lo mide con tal escala, puede significar mover a una persona del nivel cero al uno, o del siete al ocho.

Jesús mismo habló de un individuo que no estaba lejos del reino, y habló de otro llamándolo un pródigo que vivía en una provincia apartada. Los principios modernos de comunicación nos enseñan que es ilógico esperar la misma respuesta de una persona "distante" que de una persona "íntima". Por lo tanto, cuando seamos llevados a decir "tengo miedo de que me rechacen" o "tengo miedo de fracasar", recordemos que no todos los discípulos en potencia están en el mismo lugar en la escala de receptividad.

El Papel del Espíritu Santo

Una sexta cosa que me ayuda a romper el obstáculo del temor es mi comprensión del papel del Espíritu Santo en el testimonio. Pablo nos dijo que "no nos ha dado Dios espíritu de cobardía, sino de poder, de amor y de dominio propio" (2 Tim. 1:7). Pablo también estableció una conexión entre este tipo de espíritu, que yo creo que es el Espíritu Santo, y el testimonio. "Por tanto, no te avergüences de dar testimonio de nuestro Señor" (2 Tim. 1:8).

Sólo con la ayuda del Espíritu Santo podremos ponernos a la altura de la tarea de ser el aroma de Cristo (ver 2 Cor. 2:14-16). El Espíritu Santo no es un espíritu de temor o timidez. Es el Espíritu de poder. No necesitamos tener miedo de la cara de ninguna persona. No necesitamos intimidarnos ante ningún individuo. Aquel que está en nosotros es más grande que el que está en el mundo.

El pastor Martín Niemoeller relató cómo llegó a darse cuenta de que ya no tenía temor. El fue citado a presentarse ante Hitler en 1934. Niemoeller se dio cuenta de que Hitler tenía miedo. Hitler le dijo: "Cada vez que salgo manejando de la cancillería del Reich, tengo que estar preparado por si alguien tiene un revólver y está pensando matarme." En realidad, el führer tenía más temor que el pastor que estaba en frente de él. Allí fue cuando Niemoeller reconoció que él no tenía temor.

La imagen del testigo cristiano como el Señor Supertímido, que se acobarda, se doblega y retrocede ante todos es patéticamente falsa. Por el contrario, el testigo que está lleno del Espíritu Santo, está lleno con la dinamita de Dios. Es una tea ardiente. El testigo lleno del Espíritu está revestido de toda la armadura de Dios (ver Ef. 6:10-20) y, por lo tanto, está preparado para pararse victorioso y hablar con valentía de Cristo. Por eso no me extraña que la reina de Inglaterra temiera más a las oraciones de Juan Knox que a un ejército de soldados.

La Relación de Siervo-Amo

Además, necesitamos tomar muy en serio el hecho de que el siervo nunca es mayor que su Señor. "De cierto, de cierto os digo: El siervo no es mayor que su señor, ni el enviado es mayor que el que le envió" (Juan 13:16). Este es el séptimo factor que nos puede ayudar a desatarnos del obstáculo del temor.

Muchas veces al participar en cursos de capacitación para testigos laicos, he preguntado a los participantes cuál era la causa principal por la que no testificaban. A menudo respondieron: "Tengo miedo de salir lastimado." Yo quisiera responderles: "¿Y qué con eso? ¿Alguna vez el siervo es mayor que su señor? ¿Puede el que es enviado ser mayor que el que lo envía?"

A veces un poco de temor a que nos lastimen físicamente puede ser saludable. Esta es una de las razones para hacer visitación evangelizadora en equipos de tres, en vez de ir solos o de a dos. Hay cierta seguridad física en un grupo. Sin embargo, el miedo desmedido a que nos rechacen o insulten es inadecuado y está fuera de lugar.

Puede ser útil recordar que la palabra *testigo* viene de una raíz griega que significa mártir. Hay un riesgo fundamental de martirio en el testimonio cristiano. También hay lugar para el sufrimiento. Pablo nos aconsejó que participemos "de las aflicciones por el evangelio según el poder de Dios" (2 Tim. 1:8). Si realmente somos perseguidos por causa de Cristo, en vez de contarlo como debido a nuestra propia insensitividad e ignorancia, debemos gozarnos y estar contentos (ver Mat. 5:10-12).

Nosotros no somos mejores que aquellos testigos que han estado antes que nosotros ni mejores que nuestro Señor, el cual fue injuriado y crucificado.

Hay un mensaje esculpido en un monumento a los soldados caídos en batalla, que se puede aplicar muy bien a todos los testigos cristianos que son fieles hasta la muerte:

Marcados con cicatrices decorosas,
Yacen con muy pocos laureles de gloria,
Cayeron como las estrellas
Llenando el firmamento de euforia.

Hace mucho tiempo, Jacob Burckhardt dijo: "El cristianismo es sufrimiento." ¡Ciertamente es así!

Experiencia y Conocimiento

Debemos mencionar una respuesta más para vencer el temor. George E. Worrell sugiere que la ignorancia y la falta de experiencia son las raíces del temor a testificar. El dice: "Para eliminar el temor a testificar, nada ayudará más que empezar a hacerlo."

En mi experiencia he descubierto que esto es verdad. El temor parece desvanecerse en proporción directa a nuestro conocimiento y experiencia. Cuanto más testificamos más nos damos cuenta de que la mayoría de nuestros temores son infundados. Cuanto más conocimiento adquirimos sobre el testimonio, nos volvemos más confiados y valientes.

Parte de nuestro problema con el temor es que no tenemos un carril consciente e intencional por el cual transitar. Se puede decir de nosotros lo que Jeremías dijo de Israel: "Son. . . sabios para hacer el mal, pero hacer el bien no supieron" (4:22).

He descubierto que se puede preparar un carril para el testimonio alrededor de las letras F O R M A. Esto me ha ayudado a mí y a mis alumnos a vencer parte de nuestro temor y nuestra preocupación en cuanto a compartir la fe. Por supuesto, esas letras llevan a la palabra FORMA.

La letra *F* corresponde a *familia*, la *O* corresponde a *ocupación*, la *R* corresponde a *religión*, la *M* corresponde a *mensaje* y la *A* corresponde a *audacia*. Mi objetivo es compartir el mensaje del evangelio con los discípulos en potencia. Sin embargo, antes de que el tren del testimonio llegue a su destino, generalmente pasa por una conversación amistosa en cuanto a la familia y el hogar. También atraviesa (y a veces se detiene allí) las estaciones *O* y *R*. Durante todo el camino utiliza la *A*.

Si usted no tiene una fórmula mejor para operar, le

recomiendo la estructura FORMA. Es algo muy simple que le puede llevar a atravesar la barrera del temor.

Conclusión

Muchos de los primitivos conquistadores de nuestras tierras fueron individuos rudos, capaces de superar muchos obstáculos. Debieron superar la topografía de la región, los animales feroces y las inclemencias del tiempo.

El mundo está lleno de historias victoriosas de personas que nunca permitieron que el temor al fracaso controlara sus acciones. Si los hermanos Wright hubieran temido fracasar, nunca hubieran inventado el aeroplano. Si Helen Keller hubiera tenido miedo al fracaso, nunca hubiera podido liberarse del caparazón obscuro de la sordera, mudez y ceguera. Si Marie Curie hubiera tenido miedo al fracaso, nunca hubiera descubierto el radio. Si Jonas Salk hubiera tenido miedo al fracaso, nunca hubiera desarrollado la vacuna Salk.

En realidad no hay tal cosa como "fracaso" en la evangelización. Los obreros sinceros nunca fracasan. Cierto pastor estaba bautizando a una mujer y le preguntó quién la había guiado a Cristo. Ella dijo: "Una mujer de su iglesia que me habló hace cinco años y yo rechacé su invitación. Pero después de que ella se fue yo me quedé tan perturbada que tuve que enfrentar el asunto. Seis meses después entregué mi corazón a Cristo en mi propio hogar. Pero debido a que después nos fuimos del país, esta es mi primera oportunidad de confesar a Cristo públicamente."

Creo que C. B. Hogue dijo la verdad al afirmar: "El mayor enemigo del testimonio es el miedo." La respuesta final para vencer el temor es el amor. "En el amor no hay temor, sino que el perfecto amor echa fuera el temor; porque el temor lleva en sí castigo. De donde el que teme, no ha sido perfeccionado en el amor" (1 Juan 4:18).

Una pequeña y última ayuda para enfrentar el temor es tomar la resolución de que sólo por hoy usted no va a tener miedo. Usted puede ser capaz de enfrentar el problema del temor un día por vez, aunque no pueda hacerlo por toda una semana, un mes, un año o toda la vida.

2
El Obstáculo del Perfeccionismo

Objeción: "No soy lo suficientemente bueno."

Enseñanza Escritural: Génesis 17:1; Mateo 5:48

Introducción

Una excusa que he escuchado frecuentemente para no testificar es: "No soy lo suficientemente bueno." Este obstáculo importante para el testimonio se puede expresar de estas otras formas: "Tengo suficientes problemas de los que necesito ocuparme"; o "Cuando haya solucionado mis cosas voy a empezar a testificar"; o "En este momento no me siento como para hacerlo." Cualquiera sea la forma verbal que toma este obstáculo, parece brotar de una de cuatro cosas.

Una Falsa Humildad

A veces la frase "no soy lo suficientemente bueno" indica una falsa humildad. La humildad genuina siempre es deseable, pero la fingida puede ser nociva para nuestra salud espiritual, mental y física. El apóstol Pablo nos aconsejó que cada uno "piense de sí con cordura" (ver Rom. 12:3). Es igualmente importante que pensemos lo suficientemente alto de nosotros mismos, como lo es el que no pensemos demasiado alto de nosotros mismos. El concepto demasiado bajo de nosotros mismos es tan deshonesto como el demasiado alto. La mentalidad del que dice: "Yo no soy nadie" no sirve para la evangelización. Muchas personas se esconden detrás de esta actitud aun sin saberlo. Puede ser que piensen que esa es la verdadera humildad. Usted sí es alguien. El despreciarnos a nosotros mismos cuando Dios nos ha capacitado tan ricamente, es una forma de blasfemia. Necesitamos afirmar nuestra importancia y valor ante los ojos de Dios.

Inferioridad Moral y Espiritual

Sin embargo, la mayoría de las veces la objeción "no soy lo suficientemente bueno" significa: "No soy lo suficientemente bueno moral o espiritualmente." Debemos responder inmediatamente: "¡Por supuesto que no lo es! ¡Nadie lo es excepto Dios!" Jesús dijo al joven rico que le había llamado "Maestro bueno" que "ninguno hay bueno, sino sólo uno, Dios" (Mar. 10:18).

Si esperamos ser lo suficientemente buenos para empezar a testificar, nunca empezaremos en esta vida. La perfección moral y espiritual nos espera en el otro mundo llamado cielo. Uno nunca va a ser perfecto hasta que haya sido glorificado.

La vida cristiana es un peregrinaje al estilo de Abraham. Hay tres estaciones en el camino a las que llamamos justificación, santificación y glorificación. Si usted es cristiano, usted ha sido justificado, está siendo santificado y será glorificado.

Los testigos del Nuevo Testamento no esperaron a ser moral y espiritualmente perfectos para empezar a dar testimonio de Jesucristo. Pablo se llamó a sí mismo el primero de los pecadores pero, a pesar de sus pecados, se convirtió en un evangelista itinerante en gran parte del imperio romano. ¿Osaría alguno decir que Simón Pedro era perfecto? Sin embargo, él llevó el evangelio a Cornelio, los de su casa, y a muchos más además de ellos. Tanto Pedro como Juan eran gente común y sin educación. Sin embargo, ellos dijeron al concilio: "Porque no podemos dejar de decir lo que hemos visto y oído" (Hech. 4:20). Ellos estaban dominados por el impulso divino de testificar de Cristo.

Las iglesias y los creyentes del Nuevo Testamento no

El Obstáculo del Perfeccionismo 21

esperaron hasta ser perfectos para testificar. Muchas veces los idealizamos, aunque ellos no eran más perfectos que nosotros. Ellos enfrentaron muchos de los problemas que nosotros tenemos ahora. Gracias a Dios que no esperaron a resolver todos sus problemas antes de ir al mundo perdido con el evangelio de paz.

Dios le dijo a Abraham, aun cuando le faltaba un año para cumplir los cien, "sé perfecto" (Gén. 17:1). Uno nunca es demasiado viejo para ser santo. Jesús dijo a sus discípulos. "Sed, pues, vosotros perfectos, como vuestro Padre que está en los cielos es perfecto" (Mat. 5:48). Pero él no quiso decir que debían ser espiritual y moralmente completos y maduros antes de pronunciar una palabra o realizar un acto de testimonio. A. C. Archibald dijo que "no debemos esperar a ser santos para empezar a servir. Más bien, debemos empezar con lo que tenemos."

Por otro lado, una de las mejores cosas que usted puede tener a su favor al evangelizar es el sentido de la insuficiencia. Si uno piensa demasiado alto de sí mismo, esto puede ser un obstáculo temible y casi invencible para su efectividad. Una confianza demasiado grande en la carne traerá una gran caída y derrota.

Algunos de nosotros que nos pavoneamos orgullosos en la iglesia necesitamos arrepentirnos. En vez de actuar como si fuéramos los directivos de la nueva Jerusalén, debemos arrepentirnos en saco y ceniza.

Usted está en lo cierto al afirmar que su vida y sus labios, su caminar y su hablar deben ir de acuerdo. Está en lo cierto al creer que debe testificar con su vida. Algunos creyentes se olvidan de que sus palabras pueden ser vacías a menos que la Palabra se haga carne en ellos. Los discípulos no nacen; ellos renacen. Los discípulos se hacen. Son seguidores de Jesucristo. Uno tiene que tener un testimonio para poder dar testimonio.

Usted está muy en lo cierto al reconocer que su vida no es lo suficientemente buena para testificar todo lo que debe. Aquel que dice simplemente "voy a dejar que mi vida dé testimonio por mí" es un fariseo insoportable. Nadie es así de bueno. Aquel testimonio que llevamos siempre es mejor que nosotros. Nosotros y los demás podemos encontrar alguna falta en nosotros, pero nunca encontraremos una falta en Jesús. El es el único sin pecado.

Los que creen que no son lo suficientemente buenos para testificar están en lo cierto al pensar que necesitamos practicar lo que predicamos. Cierto senador de los Estados Unidos visitó la Casa Blanca para tratar de lograr protección para la industria norteamericana del calzado. Se olvidó que llevaba puesto un par de zapatos Gucci, italianos. Cuando la prensa aceptó su invitación a inspeccionar su ropero encontraron zapatos de Alemania, Inglaterra e Italia, junto con zapatos norteamericanos. El mismo senador lanzó una campaña para limitar la importación de autos japoneses en 1981, mientras en el garage de su casa descansaban dos Mercedes alemanes.

Sin lugar a dudas, muchos incrédulos pueden estar de acuerdo con las palabras del poeta Shelley, cuando dijo: "Yo podría creer en Cristo, si él no estuviera arrastrando consigo a esa novia leprosa que tiene, la iglesia." Cuando el predicador Sam Jones comprendió realmente a la gente de su grey, llegó a esta convicción: o había dos clases de cristianismo, o si no la mayoría de la gente era religiosa y él no; o él era religioso y ellos no. El decidió enfrentar a su congregación con sus inconsecuencias y expresar honestamente lo que pensaba de ellos. Algo de lo que les dijo fue que preferiría ser algún personaje famoso que proclamara que no creía en la Biblia, a ser un cristiano que profesara creerla toda y vivir como algún ateo famoso.

Habiendo dicho todo esto, también debo estar de acuerdo con la observación de Juan Crisóstomo en cuanto a que los maestros que no practican lo que enseñan deberían, sin embargo, seguir hablando con la esperanza de que algún día se convertirían por sus propias palabras. También pido que considere estas sabias palabras de Frederick Buechner en cuanto a Dios: "Cuando él hace su obra a través de los seres humanos, puede ser que éstos tengan pies de barro... porque ese es el único tipo de seres humanos que existe, incluyendo a los santos."

Elementos Humanos en el Testimonio

Una tercer forma que parece tomar este obstáculo de la

perfección se relaciona con los elementos humanos en el testimonio. Aquellos que dicen "no soy lo suficientemente bueno" se están degradando a sí mismos con una humildad falsa. Otros que dicen "no soy lo suficientemente bueno" pueden estar diciendo en realidad "a menos que la gente vea mis alas de angelito, no puedo testificar". Pero también pueden estar aquellos que dicen "no soy lo suficientemente bueno", refiriéndose con esto a factores humanos como la elocuencia, paciencia, habilidad para escuchar, disciplina, personalidad compuesta, etc.

Bertha Conde escribió un libro que espero leer algún día. Lo que me intriga es su título: *Los Elementos Humanos en la Fabricación de un Cristiano.* A. C. Archibald, quien ha tenido mucho éxito capacitando a evangelistas laicos, a veces usó este libro de Conde en sus cursos.

Yo no voy a tratar de identificar todos los elementos humanos en el testimonio. Será suficiente comentar varios de ellos.

La elocuencia y un buen intelecto son factores humanos en el testimonio. Archibald tiene un buen consejo para aquellos que no testifican porque no son elocuentes ni son genios. "Dios no necesita elocuencia —esto puede ser un estorbo; él no demanda un gran intelecto —esto solo puede ser una tentación para la argumentación."

La habilidad para escuchar a otros es un factor humano. Algunos estudios realizados indican que normalmente escuchamos solo con un 25 por ciento de nuestra capacidad. La buena noticia es que podemos agudizar nuestra capacidad de escuchar. Algo que podemos hacer es tomar notas mientras escuchamos. Podemos tomar notas aun cuando escuchamos en una conversación telefónica. Quizá nunca deberíamos contestar el teléfono sin tener a la mano lápiz y papel.

Otra cosa que podemos hacer es prepararnos para informar a alguien la esencia de lo que escuchamos. Además, podemos hacer algo para reducir o eliminar las distracciones. Por ejemplo, podemos apagar el televisor, o el radio, o cerrar la puerta. Sobre todo, debemos estar siempre buscando lo valioso en lo que se está comunicando. Finalmente, debemos identificar esas palabras o ideas que suscitan emociones en nosotros. Cuando la emotividad está elevada, generalmente la capacidad de escuchar baja. La tenacidad y el valor son factores humanos. La siguiente idea anónima se refiere a esos elementos:

Dios tiene lo mejor para los pocos
que se animan a soportar la prueba.
Dios tiene lo inferior para aquellos
que no anhelan lo mejor.

El Factor Físico

También hay ocasiones cuando la barrera de la perfección se enfoca hacia el factor físico del cuerpo humano imperfecto. Aunque este podría verse como otro de esos elementos humanos al que nos referimos anteriormente, es lo suficientemente importante para identificarlo como la cuarta forma que puede tomar el obstáculo de la perfección.

Cuando algunos testigos en perspectiva ponen la objeción: "No soy lo suficientemente bueno," quiere decir que no es suficientemente bueno o hermoso físicamente. Quizá tengan alguna deformidad en su cuerpo o alguna incapacidad física. En algún lugar deben haber adquirido la idea falsa de que sólo aquellos que tienen un cuerpo "perfecto" pueden dar testimonio del Señor. Creo que nuestra cultura nos lleva a pensar que ni aun Dios puede usar a una persona que no tenga una figura admirable. ¡Qué tontería, sin embargo, es una realidad!

Quisiera recordarle que hay una frase en la Biblia acerca de "eunucos que a sí mismos se hicieron eunucos por causa del reino de los cielos" (Mat. 19:12). Por cierto, los eunucos son físicamente imperfectos. El relato que presenta Lucas de la conversión del eunuco etíope (ver Hch. 8: 26-39) muestra cómo el evangelio allanó un importante obstáculo físico. Los eunucos no sólo son bienaventurados en el reino de Dios; también pueden ser testigos de ese reino.

El "aguijón en la carne" de Pablo puede haber sido un problema físico, como una vista pobre o cualquier otra enfermedad del cuerpo (ver 2 Cor. 12:7-10). Dios no le quitó a Pablo su aguijón en la carne, pero eso no le impidió destacarse como un misionero evangelizador.

Nosotros no permitimos que nuestras limitaciones físicas nos impidan buscar el éxito en nuestras empresas. ¿Por qué nos deben impedir compartir nuestra fe? Considere, por ejemplo, el caso de Bobby Denning. El empezó una pequeña empresa en una chocita con un piso de barro, usada para ahumar carne. Esa empresa creció, se expandió y hoy es una compañía millonaria. Denning quedó incapacitado por la distrofia muscular cuando tenía diez años y tuvo que abandonar la escuela cuando cursaba el tercer grado. Allí fue cuando comenzó su empresa en la granja de sus padres. Empezó reparando los radios de sus vecinos. Su único "empleado" en aquel tiempo estaba en el primer grado. Ahora que Denning tiene cuarenta y tres años, aquel compañero que estaba en el primer grado continúa trabajando con él.

El lema de Denning es: "Yo soy conocido por los clientes que satisfago." El trabaja mucho para que sus negocios aumenten sus ventas constantemente. En 1982 fue nombrado "Hombre del año para Pequeñas Empresas", en su estado. No es de extrañar que diga: "Yo creo que cada persona está tan incapacitada como ella misma se considera." Ese tipo de actitud en cuanto a nuestros defectos físicos nos puede capacitar para que cambiemos lo que creíamos era un impedimento para testificar en diferentes oportunidades.

Más Sugerencias

Algo simple pero importante que podemos hacer para vencer el obstáculo de la perfección en el testimonio es usar en nuestras iglesias los testimonios de todos los miembros. Tenemos muchos héroes a quienes nunca oímos. Los testimonios públicos nos ofrecen la oportunidad de escuchar a algunos de los heraldos anónimos de Dios. Además, si podemos hacer conocer sus experiencias mediante la imprenta, la radio o la televisión podremos hacer que la iglesia y el mundo conozcan más a tales personas.

He aquí solo un caso. Ron Lamb es único en su forma de testificar. El es un buen samaritano moderno que rescata conductores de automóviles en apuros. Dado que vive en un suburbio de una ciudad con industrias automovilísticas, Lamb tiene muchas oportunidades de usar sus habilidades mecánicas en los vehículos de conductores desamparados.

Durante todo el año Lamb, vestido con traje y corbata, conduce su pesado camión de remolque durante las horas de más tránsito, para ir y venir de su empleo como supervisor en la oficina de correos.

Su presencia siempre es grata a los motoristas sorprendidos por un radiador recalentado, una correa de ventilador rota, o un neumático desinflado.

Cuando Lamb encuentra un auto averiado se detiene y ofrece su ayuda. Si él no puede arreglar el vehículo, lo remolca hasta algún lugar donde lo pueden hacer. Todo esto él lo hace completamente gratis.

En su iglesia, todos hablaban de usar sus dones para el Señor. "Yo sabía que no podía predicar", dijo Lamb, "pero sabía que podía cambiar un neumático o manejar un camión."

Compró un remolcador viejo y en desuso, le cambió el motor, le puso neumáticos nuevos y le reforzó la grúa. Desde entonces, día y noche, ha ayudado a muchísimos motoristas en problemas.

Lamb dona combustible, mangueras, correas, abrazaderas, anticongelante, aceite y aun arrancadores. Si regala combustible a un motorista, también le da un envase con la condición de que el receptor lo vuelva a llenar y lo dé a alguien que lo necesite. Mientras hace esto, Lamb habla de Cristo con franqueza y valentía, y explica su ministerio a todas las personas a quienes presta socorro. ¡Qué gran combinación de acción y de palabras para la evangelización! Este es el tipo de modelo con el que muchos cristianos se pueden identificar.

Otra sugerencia para romper la barrera de la perfección es la de establecer un reglamento en la iglesia que establece quienes pueden testificar. Si ese reglamento es la perfección, nadie lo ha alcanzado. Pues, nadie puede dar su testimonio. Pero si este reglamento es "no somos perfectos sino perdonados", todos podemos y debemos testificar de nuestra propia experiencia con Dios.

Conclusión

Cada generación de cristianos hace que la generación

anterior se complete. Hebreos 11:40 dice: "para que no fuesen ellos perfeccionados aparte de nosotros". Lo que el escritor tenía en mente es la plenitud más que la perfección moral. Ninguna generación de cristianos es completa en y por sí misma. Sólo nosotros podemos completarla al convertirnos en eslabones vivientes en la cadena del testimonio que nos llegó a nosotros, y que va de nosotros a la generación siguiente.

Nuestra credibilidad como cristianos no se establece por nuestra perfección mental, moral, espiritual, física o social. Nuestra efectividad como testigos del evangelio del reino de Dios no depende de que seamos lo suficientemente buenos. Más bien, tanto nuestra credibilidad como nuestra efectividad son establecidas por nuestra obediencia a aquél que dijo: "Me seréis testigos" (Hech. 1:8).

3
El Obstáculo del Don Espiritual

Objeción: "Yo no tengo el don."

Enseñanza Escritural: *Zacarías 4:1-14; Efesios 4:4-16*

Introducción

Otra objeción para el testimonio que he oído con mayor frecuencia durante los últimos veinte años es: "Yo no tengo el don." Esta objeción comenzó con el énfasis renovado en los dones del Espíritu Santo en las décadas de 1960 y 1970. La mayoría de las personas que apelan a este obstáculo, dicen: "Yo no tengo el don de evangelista." Sin embargo, hay otros que dicen: "Yo no tengo el don de testificar." Otros quieren decir que no tienen el don del Espíritu Santo. Unos pocos quieren decir que no tienen el don de la evangelización. Veamos estos cuatro aspectos de la objeción en orden inverso.

El Don de la Evangelización

Sólo por inferencia se puede decir que la Biblia enseña que la evangelización es un don. Hay tres listas principales de dones espirituales en el Nuevo Testamento (Rom. 12:6-8; 1 Cor. 12:8-10, 27-31; Ef. 4:11). Sólo una de estas listas menciona a los "evangelistas" como un don. Es la que está en Efesios 4:11, y allí no aparece la palabra *evangelización*. Por lo tanto, se dice que los "evangelistas", y no la evangelización, son uno de los dones que el Cristo resucitado imparte a su iglesia. La evangelización no es un don espiritual tanto como una función, una misión o una actividad de la iglesia. No es mayor don espiritual que la educación, la adoración, las misiones, la mayordomía o la ética.

Aun en la referencia de Efesios, algunos toman "evangelistas" como refiriéndose más estrictamente a un oficio que a un don. Personalmente, yo no veo mucha distinción entre un oficio y un don. Y quizá debemos ser caritativos hacia aquellos que no pueden ver mucha diferencia entre una función y un don. Sin embargo, si identificamos evangelización con "el hacer discípulos", entonces es más un mandato que un don (ver Mat. 28:19). De la misma manera, si vemos la evangelización como el anuncio de las obras maravillosas de Dios en Cristo, entonces es más una misión que un don (ver 1 Ped. 2:9b). Sobre todo, si vemos la evangelización como el ministerio de la reconciliación, entonces es más una función de ministerio que un don (ver 2 Cor. 5:18).

Indiscutiblemente, la evangelización es una función carismática de las iglesias. Pero no estaríamos en terreno firme si lo llamamos un don. Si cuando usted dice: "Yo no tengo el don" se refiere a que no tiene el don de la evangelización, podríamos responder: "Por supuesto que no lo tiene. Nadie tiene el don de la evangelización como tal. Esta es una de las diferentes funciones necesarias de la iglesia."

En tanto que la evangelización es una función legítima de la iglesia, es responsabilidad de todos nosotros. La evangelización no es un don que Dios confiere solamente sobre los miembros "espirituales" de la congregación. Aunque no sea "lo suyo", usted no puede escapar de la responsabilidad de una evangelización diligente y total con su iglesia.

El Don del Espíritu Santo

Ahora, si cuando usted dice: "Yo no tengo el don", se refiere a que no tiene el don del Espíritu Santo, necesitamos examinar esto muy de cerca. Pablo dijo que nadie puede "llamar a Jesús Señor" aparte del Espíritu Santo (ver 1 Cor. 12:3). Si usted es un verdadero discípulo del Señor Jesús, el Espíritu Santo ha soplado en usted, ha incubado en usted, ha respirado en usted, le ha dado novedad de vida, le ha hecho nacer a la familia de Dios, y le ha bautizado con fuego del cielo.

Es cierto que nos encontramos con personas hoy en nuestras iglesias que son como esos doce discípulos de Juan el Bautista en Efeso. Ellos le dijeron a Pablo: "Ni siquiera hemos oído si hay Espíritu Santo" (Hech. 19:2). Están aquellos que han sido bautizados en el nombre de algún otro, o por causa de algún otro, en vez de haberlo hecho en el nombre del Señor Jesús. Estoy convencido de que muchos de los que en nuestro tiempo han recibido lo que ellos llaman el bautismo del Espíritu Santo son como aquellos discípulos de Juan. Algunos de ellos nunca han sido salvos. En algunos casos, lo que están experimentando parece ser el nuevo nacimiento.

Algunos que no habían conocido el don del Espíritu Santo explican su nuevo poder y gozo en términos de que ahora están aceptando a Cristo como Señor, mientras que en el pasado sólo lo habían aceptado como Salvador. Teológicamente, es imposible separar el carácter de Señor, de Jesús, del de Salvador. Pero la teología popular y su expresión muchas veces varían de la teología bíblica y sistemática.

El apóstol Pedro dijo en su sermón en el día de Pentecostés: "Arrepentíos, y bautícese cada uno de vosotros en el nombre de Jesucristo para perdón de los pecados; y recibiréis el don del Espíritu Santo" (Hch. 2:38). Esa promesa del derramamiento del Espíritu es para nosotros y para nuestros hijos. Aun es para aquellos que están lejos de Dios y para todos aquellos a quienes el Señor nuestro Dios llama para sí (ver Hech. 2:39). El profeta Joel dijo que en los últimos días Dios derramaría su Espíritu sobre toda carne. El fue aún más específico al incluir nuestros hijos e hijas y nuestros siervos y siervas (ver Joel 2:28, 29).

Si usted no ha recibido el don del Espíritu Santo, quizá no ha nacido del Espíritu. Si usted no es un creyente en Cristo, arrepiéntase de sus pecados y crea en él. Una parte de su derecho de nacimiento como cristiano es el don del Espíritu Santo (ver Efesios 1:13, 14). Reclame su derecho de nacimiento

El Obstáculo del Don Espiritual

como ciudadano del reino de Dios. Recuerde aquellas hermosas palabras de Pablo: "Habéis recibido el espíritu de adopción, por el cual clamamos: ¡Abba, Padre! El Espíritu mismo da testimonio a nuestro espíritu, de que somos hijos de Dios" (Rom. 8:15, 16).

Si usted sabe que es un discípulo de Jesucristo, pero no está lleno del Espíritu Santo, abandone todo pecado pasado y pida a Dios que lo llene con el poder de lo alto. Busque su rostro en oración. Pida y recibirá. Busque y hallará. Llame y la puerta de depósito se abrirá para usted. Somos llenos del Espíritu Santo de la misma manera que somos salvos, es decir, "escuchando por la fe". Nosotros empezamos con el Espíritu; no pensemos que vamos a continuar o terminar en la carne (ver Gál. 3:15).

La vida cristiana es la vida en el Espíritu. No podemos ser testigos muy eficaces de Jesucristo hasta que no recibamos el don del Espíritu Santo, o hasta que no recibamos su poder.

El Don del Testimonio

Consideremos ahora este obstáculo desde otro punto de vista. Cuando usted dice, o escucha que alguien dice: "Yo no tengo el don", queriendo significar que no tiene el don de testificar, debo decirle que en ningún lugar de la Biblia se habla del testimonio como un don. Si usted se apoya sobre esa excusa, se encuentra parado sobre hielo muy delgado. Todo cristiano llena los requisitos de un testigo de Jesucristo. En realidad, el testimonio cristiano es la "cosa" de todo creyente. Si usted ha sido crucificado con Cristo en la cruz, sepultado en las aguas del bautismo con él, y resucitado a la nueva vida, usted tiene una historia para contar. Usted es un testigo directo de las obras maravillosas de Cristo en su vida.

Puede que usted no sea un pastor ordenado o un evangelista. Pero en su bautismo usted fue ordenado como testigo y como sacerdote. A. C. Archibald era un joven ministro de una iglesia grande de los Estados Unidos. Dos semanas después de su llegada, colocaron en sus manos mil tarjetas de censo. En las mismas estaban los nombres de ciudadanos de esa comunidad que, sin ser miembros de la iglesia de Archibald, habían expresado una preferencia por la misma. La iglesia ya había celebrado su campaña anual de evangelización. ¿Qué podría hacer el pastor con esas tarjetas?

Archibald citó a una reunión de los diáconos y la comisión directiva para ver si podrían decidir qué hacer con esos nombres. Parecía que nadie sabía qué hacer. Estuvieron dando vueltas al asunto hasta que un invitado de uno de los diáconos, el cual no era miembro de esa iglesia, se puso de pie y sugirió que los hombres se organizaran en equipos de a dos y salieran a buscar a esas mil personas y ganarlas para Cristo. Esta persona relató cómo en los últimos cinco años había sido usado por Dios para llevar a sesenta y cinco hombres al Señor y a las iglesias. Luego hizo circular un libro que contenía los nombres de los sesenta y cinco hombres para que los vieran los diáconos y demás oficiales.

El pastor Archibald consideró la sugerencia de este hombre como una palabra del Señor. Todos clamaron a Dios en espíritu de oración. Se organizaron cincuenta equipos que salieron a buscar a las mil personas. Por las noches iban a los hogares, y durante el día los buscaban en las oficinas. Seis domingos después, 132 de esos mil se habían entregado a Cristo e incorporado a la iglesia. En las semanas y meses siguientes hubo otros que se agregaron a este número.

Cuando Archibald dejó el pastorado de esa iglesia, un hombre pequeño y tímido que apenas había abierto su boca desde el día que aceptó al Señor en una reunión en carpa, dijo: "Yo daré siempre gracias a Dios por su pastorado con nosotros. He sido creyente por veinte años y, que yo sepa, nunca había invitado a nadie a aceptar a Cristo. Y ahora, en un año, mi amigo y yo fuimos usados por Dios para ganar a cinco hombres para Cristo y la iglesia."

Ese fue el comienzo de un énfasis largo y fructífero en el ministerio de A. C. Archibald en cuanto al uso de los laicos para ganar a otros para Cristo. "Los laicos son nuestro último recurso para salvar al mundo", dijo. "El tiempo de los laicos ha llegado."

Archibald llegó a suponer que "Jesús y todos sus apóstoles eran laicos". En 1946, este gran entrenador de evangelistas laicos había visto, por lo menos, 2000 de éstos en acción. Y éstos 2000 habían ganado más de 4500 personas para Cristo y la

El Obstáculo del Don Espiritual

iglesia. ¡Qué historia! Y es totalmente verídica; no es ficción sino hechos reales. Si A. C. Archibald pudo hacerlo en su época, ¿cuánto más podemos hacer usted y yo en nuestros días?

No hace falta tener una ordenación formal como evangelista, o pastor, o misionero para ser un testigo fructífero de Jesucristo. Se nos dice que H. A. Ironside nunca fue ordenado formalmente, pero fue el pastor de la Iglesia Memorial Moody en Chicago por más de dieciocho años. Algunos lo han llamado "El Arzobispo del Fundamentalismo". Este testigo incansable llegó a tener un promedio de cuarenta semanas por año de estar viajando en su itinerario de testificar por Cristo.

Toda persona puede hacer *casi* cualquier cosa que quiera hacer. Y me animo a decir categóricamente que uno *puede* hacer todo lo que Dios le llama a hacer. Leí la historia inspiradora de una mujer sin brazos que llegó a ser dentista. Ella estaba cursando su segundo año de odontología cuando se le quemaron los brazos al contacto con cables de alta tensión. Ahora se dedica a enseñar odontología preventiva y control de enfermedades orales.

Si queremos ser testigos eficaces, el amor encontrará el camino. Leí de una iglesia que podía registrar dieciocho "generaciones espirituales" de personas que habían sido discipuladas y que, a su vez, habían discipulado a otras.

El Don de Evangelista

Esto me trae otra vez a aquellos que dicen: "Yo no tengo el don." Hay muchos que con esta objeción quieren decir que no tienen el don espiritual de ser evangelistas. Si esa es su situación, permítame decirle: "Puede que tenga razón. Quizá usted no tiene el don espiritual de un evangelista." Peter Wagner dice: "La iglesia cristiana promedio puede esperar realísticamente que un diez por ciento de sus miembros adultos activos hayan recibido el don de ser evangelistas."

En el Nuevo Testamento se usa tres veces esta palabra *evangelista*. Pablo dijo a Timoteo: "Haz obra de evangelista" (2 Tim. 4:5). A Felipe, uno de los siete, se le llama "el evangelista" (Hech. 21:8). En Efesios 4:11 aparece la palabra en plural como uno de los dones de Cristo para la edificación de su iglesia. Tal como se usa en estos contextos, el evangelista de la era apostólica parece haber sido un tipo de misionero pionero que penetró nuevos campos para Cristo y plantó iglesias nuevas en territorio virgen. Encuentro sugestivo que la única persona que se menciona como evangelista en el Nuevo Testamento sea Felipe que, aparentemente, era un laico aun en el sentido que nosotros damos a esa palabra.

He oído de un hombre que llevó, por lo menos, a una persona a Cristo ¡cada día, por espacio de siete años! Supongo que esa persona debe haber tenido el don espiritual de ser evangelista. Yo creo que este don espiritual vital pertenece a aquellos creyentes que pueden encarar a otros con eficacia mostrándoles lo que Dios quiere para sus vidas; que lo hacen con gozo, con firmeza, con habilidad y con respeto a la personalidad. Todos los evangelistas pueden testificar de uno en uno y algunos pueden hacerlo frente a grandes multitudes reunidas. Es mi opinión que aquellos que son evangelistas de multitudes, como Billy Graham, también tienen otros dones espirituales como el de la profecía o el de la enseñanza.

Puede ser que usted no tenga el don de ser un evangelista, pero eso no significa que no pueda hacer nada para guiar a los perdidos a Cristo y a su iglesia. Todo lo contrario. Eddie Cantor estaba cierta vez actuando para entretener a un grupo de niños huérfanos. Mientras estaban repartiendo golosinas y juguetes, él advirtió a una niñita al fondo del salón. La veía muy triste. Su expresión contrastaba con el gozo de los otros niños. El se acercó y le dijo: "Querida, no pareces estar divirtiéndote mucho. ¿Puedo hacer algo por ti?" Ella respondió: "Ameme." Usted y yo siempre podemos amar a las personas aunque no tengamos el don de ser evangelistas.

Y, además, podemos estar disponibles para los demás. La disponibilidad es un rasgo que necesitamos al evangelizar. Esta palabra significa mantenerse uno mismo, o alguna cosa, siempre listo para el momento cuando se lo necesite. Los depósitos bancarios, por ejemplo, deben mantenerse disponibles.

Hay tres cosas relacionadas con la disponibilidad. Primera, una receptividad a Dios y a los demás que significa que yo estoy verdaderamente presente para él y para ellos. Segunda, un

El Obstáculo del Don Espiritual

ingrediente de gentileza que se muestra hacia las personas y los hechos. Tercera, una capacidad interna de estar atento. La receptividad que está verdaderamente presente incluye todas nuestras facultades: cuerpo, mente y alma. Incluye escuchar activamente. Tenemos que intentar penetrar en el interior de la otra persona, en esa relación yo – tú. El destacado escritor y comentarista británico Malcom Muggeridge, dijo que lo que llama la atención en cuanto al trabajo de la Madre Teresa entre los despreciados de Calcuta es que ella está completamente presente para cualquier ser humano. Su presencia total es evidente sea al tratar con un bebé arrojado a un bote de basura, un leproso, un anciano moribundo, o cualquier otra persona desechada. Usted y yo necesitamos estar disponibles como ella para Dios y para los demás.

La gentileza no aparece en la agenda del mundo. Una gran tienda, por ejemplo, sacó una publicidad de toda una página, alrededor de 1975, en cuanto a un libro, supuestamente un "best-seller", que enseñaba a la gente cómo tener éxito mediante la intimidación. De acuerdo con esa publicidad, todo lo que se debe hacer para salir ganando es intimidar al oponente. Se parte de la base de que las personas son básicamente adversarias. Esto es radicalmente diferente a lo que dijeron Isaías y Jesús: "La caña cascada no quebrará, y el pábilo que humea no apagará" (Mat. 12:20; ver también Isa. 42:3). Jesús dijo: "Bienaventurados los mansos, porque ellos recibirán la tierra por heredad" (Mat. 5:5).

La evangelización necesita esa gentileza que se muestra al cuidar a un bebé recién nacido, un niño enfermo, una cabeza afiebrada, la mano del ser amado o una persona accidentada. Cuando experimentamos la vulnerabilidad de los demás, debemos respetar esa vulnerabilidad con una gentileza recíproca. Alguien tradujo la bienaventuranza que dice "bienaventurados los mansos", como "bienaventurados los que no se la pasan golpeando las puertas de la gente." Esa gentileza nos capacita para oír las pisadas de Dios y no violar la personalidad de nuestro prójimo.

Además de una gentileza y receptividad que están auténticamente abiertas a Dios y a los demás, nuestra disponibilidad incluye una capacidad interna para estar atentos. Esto significa una sensibilidad al susurro más débil de parte de Dios. Es una disposición a vivir la vida según los codazos suaves para llamar la atención de parte del Espíritu Santo. Sólo un instrumento delicadamente afinado podrá sintonizar la frecuencia del Espíritu de Dios.

Cuando estamos disponibles con este tipo de capacidad interior para estar atentos, podemos acercarnos a personas aun cuando están a una gran distancia de nosotros. Podemos sentir en nuestro corazón a alguna persona, o alguna carga de ella. Puede acometernos el impulso repentino de hablar con alguien en particular. Puede venirnos un vislumbre de percepción en cuanto a cierta persona o a sus problemas. Estaremos libres para ocuparnos en el ministerio de afirmar a otros.

Parte del poder de los primeros cristianos parece haber venido de su disponibilidad en el momento correcto, para las personas correctas, en los lugares correctos. Pueden encontrarse tres ilustraciones de esta disponibilidad en el ministerio de Felipe (Hech. 8:26-40), en el de Ananías (Hech. 9:10-19) y en el de Pedro (Hech. 10:1-33, 44-48).

Conclusión

Tengo la sospecha de que muchos que dicen: "Yo no tengo el don", han experimentado lo que llamamos un desgaste. Este no es sólo un problema de los obreros vocacionales en las iglesias. También es un problema grande de los obreros laicos.

Parte de ese desgaste se debe a que hemos dejado nuestro primer amor. ¿Sabe usted lo que es un "efesio"? Es alguien que ha dejado su primer amor. Aquel que tenía en sus manos las siete estrellas dijo a Efeso: "has dejado tu primer amor" (Apoc. 2:4).

4
El Obstáculo del Profesionalismo

Objeción: "Ese es el trabajo del pastor."

Enseñanza Escritural: *Proverbios 11:30; Efesios 4:7-16*

Introducción

Un maestro de la escuela dominical aprendió a compartir el evangelio mediante el uso de su Nuevo Testamento marcado. El tenía una clase de adolescentes varones. Su plan era visitar a cada alumno de su clase que no era creyente y compartirle el evangelio. Quedó tan entusiasmado con la respuesta de varios jovencitos a su presentación, que se le notaba en el rostro.

Sin embargo, en la visita siguiente se le vino el alma al suelo. El problema no fue con el muchacho de trece años, sino con el padre del joven. El se quedó ofendido por el esfuerzo evangelizador del maestro y le dijo: "Ese es trabajo del pastor." El lo censuró por su audacia y expresó claramente que él opinaba que sólo un ministro ordenado, con una capacitación apropiada, podía tratar de hacer la evangelización personal.

Yo era el pastor de ese maestro de la escuela dominical. Ese hecho me sacudió y me entristeció. Este fue mi primer y abrupto encuentro con uno de los obstáculos más formidables para el testimonio que he enfrentado. He oído varias maneras de expresar esta objeción: "No creo que un laico pueda hacerlo." "El testimonio es un asunto demasiado importante para que se le confíe a un laico"; "Pagamos a nuestro pastor y al equipo de la iglesia para que testifiquen por nosotros", y "Uno tiene que estar en el templo para hacer eso."

Algunos Testigos No Ordenados

No hay que ser ministro ordenado y tener un título en teología para llevar a las personas a Cristo. D. L. Moody nunca fue ordenado, pero llevó a miles al Señor. Según John R. Mott, el gran punto de cambio en el ministerio de Moody vino cuando él escuchó decir a Henry Varley: "El mundo todavía no ha visto lo que Dios va a hacer con un hombre que se consagre totalmente a él." En ese momento, Moody se determinó a ser ese hombre.

La gramática escaseaba en sus sermones y en sus cartas, pero él no permitió que eso le impidiera quemar sus energías para Dios. Su voz no revelaba el gozo que sentía de ser cristiano pero su fe en Dios era poderosa. Moody estableció como regla para su vida que nunca dejaría pasar un día sin hablar a alguna persona sobre la salvación de su alma. ¿Nos atrevemos nosotros a establecer una regla así?

Charles Haddon Spurgeon fue uno de los más grandes pastores-evangelistas del siglo diecinueve. Sin embargo, Spurgeon nunca fue ordenado. La ausencia de una ordenación formal no le impidió ganar a cientos de personas a la fe en Cristo.

Puede ser que usted esté pensando: "Bueno, pero yo no soy Moody o Spurgeon." Y no tiene que serlo. En realidad, fue un vendedor llamado Edward Kimball el que llevó a Moody a Cristo. A. C. Archibald compartió de como una mujer con limitaciones culturales ganó a veintidós mujeres jóvenes para el Señor en un año. También relató cómo un agente de seguros ganó a doce hombres para Cristo en sólo un año. Estas eran personas como usted. Si ellos pudieron hacerlo, usted también puede.

Cierto laico cristiano perteneciente a una pequeña iglesia bautista, entró en una reunión que se realizaba al mediodía en su

El Obstáculo del Profesionalismo 39

ciudad. Escuchó que un hombre decía: "Ningún cristiano debe sentirse cómodo mientras haya una sola persona sin salvación en su comunidad." El se quedó pensando en esta afirmación. Lo hacía sentirse mal. Llevó el asunto a Dios en oración. Ese laico quedó tan sacudido que no volvería ser el mismo otra vez. En su alma nació una profunda convicción de que debía hablar a otros de Cristo.

El era un hombre que viajaba mucho, por lo que tenía muchas oportunidades de conversar con otros. Poco a poco pudo guiar a las personas a tomar una decisión definitiva por Cristo. Quedó realmente sorprendido de la respuesta positiva que obtenía. Su poder de presentar el mensaje aumentó. En los dos años siguientes ese laico ordinario tuvo el gozo extraordinario de ver a 122 hombres confesar su fe en Cristo. Mientras hacía negocios para sí mismo, era consciente de los negocios para el Rey. Si ese hombre podía hacerlo, usted también puede.

Samuel H. Moffett y su esposa estaban visitando una aldea en Corea. La señora Moffett preguntó a un comerciante cuánto costaba una sandía. El vendedor quedó tan asombrado de encontrar a una extranjera que hablara coreano, que al principio se quedó totalmente mudo. Hasta se olvidó de decirle el precio. Había algo más importante que quería decir. El preguntó: "¿Es usted cristiana?" Cuando ella respondió: "Sí", él se llenó con una sonrisa. "Me alegro tanto", dijo, "porque si usted hubiera dicho que no, yo le iba a decir todo lo que usted se estaría perdiendo". Si ese vendedor coreano podía hacerlo, usted también.

Lo Que Usted Tiene

¿Qué tiene, a manera de equipo, que pueda usar como evangelista laico?

- Tiene su educación cristiana, desde su niñez o conversión.
- Tiene su carácter cristiano que está tratando de perfeccionar a la semejanza de Cristo mismo.
- Tiene su conocimiento y comprensión del camino de la salvación.
- Tiene su experiencia personal de la hermosura de Cristo

como su amigo y Salvador. Este es su testimonio y su autobiografía espiritual.
- Tiene un conocimiento del plan de salvación, tal como puede verse en Juan 3:16 o en ciertos versículos de Romanos 3, 6 y 10.
- Tiene el don del Espíritu Santo que va delante y al lado suyo.
- Tiene las oraciones del pueblo de Dios por los perdidos. Estas incluyen las suyas, las de sus compañeros de oración, las del pastor, y las de los luchadores desconocidos que Dios ha levantado en su iglesia.
- Tiene un sentido profundo de preocupación por los perdidos. Cierto escritor llamó a esta preocupación "el instrumento más poderoso sobre la tierra para ganar a un alma para su Salvador".
- Tiene, por sobre todo esto, su propia personalidad dada por Dios. En otras palabras, usted se tiene a *usted*; su mente, sus actitudes, su experiencia y su forma de hablar y pensar.

Es muy fácil que nosotros pasemos por alto las cosas pequeñas cuando testificamos. Nuestra tendencia es a enfocar en lo que no tenemos más que en lo que tenemos. Algunos de los personajes que se mencionan en Mateo 25:31-46 pasaron por alto la importancia de dar agua al sediento, comida al hambriento, ropa al desnudo, y de visitar al enfermo y al prisionero. George Buttrick solía decir: "No hay un bien perdido." Otros se pueden olvidar, pero Dios no. "¿Cuándo te vimos...?" Si usted no lo vio, Dios sí.

Puede ser que usted piense en algunas cosas grandiosas que tiene que hacer para testificar de Jesucristo. ¡No lo haga! Piense en las cosas pequeñas que puede hacer. No pase por alto algo tan simple como dar una palabra de aliento a un amigo, o dar un libro apropiado a algún conocido.

Uno de mis antiguos alumnos regresó a su casa un fin de semana cuando estaba en la universidad. En ese entonces no era cristiano. Pero su mejor amigo sí lo era y quería guiarlo al Señor. Mi alumno rechazaba a Cristo y pensaba que muy pronto su amigo también se iba a alejar de Cristo y de la iglesia. En vez de

El Obstáculo del Profesionalismo 41

hacer esto, el amigo sorprendió a mi alumno comprometiéndose más profundamente con el Señor.

Ese amigo le entregó un pequeño libro que contenía varios sermones de Billy Graham. Al leer esos sermones, el Espíritu Santo le convenció de su pecado y de su necesidad de un Salvador. El comentó: "Sentía como si Billy Graham me conociera personalmente y me predicara directamente a mí." Los sermones explicaban cómo llegar a ser un discípulo de Jesucristo. Antes de que hubiera terminado de leer el libro, había abierto su corazón a Jesús invitándole a entrar en él.

Usted no tiene que ser un gran profesional para ganar a otros para Cristo. Tiene que ser lo mejor de usted mismo y usar los recursos que Dios le ha dado, en el transcurso normal y natural de la vida diaria.

La Parábola del Payaso

En algún lugar de sus escritos, Sören Kierkegaard contó del circo ambulante que iba de aldea en aldea en su Dinamarca natal. Cierta tarde se habían instalado en las afueras de un pueblo cuando, cuarenta y cinco minutos antes de la hora de empezar la función, la carpa fue presa del fuego. Sucedió que el payaso era el único de la compañía que estaba totalmente vestido. Por lo tanto, fue enviado a buscar ayuda al pueblo.

Hizo su trabajo extraordinariamente bien. Habló de la emergencia a quienes encontraba, y les imploró su ayuda. Sin embargo, el problema era que estaba vestido de payaso y a lo largo de los años la gente ha desarrollado ciertas expectativas de los payasos. La gente concluyó que todos esos gestos y el hablar del fuego eran simplemente una manera de atraer a la multitud. Sólo cuando miraron hacia el horizonte y vieron el resplandor rojo, los aldeanos se dieron cuenta de que no estaba actuando como payaso, sino que era un ser humano transmitiendo un mensaje importante.

Reflexione por un momento sobre la parábola del payaso. ¿A quién representa el payaso? Puedo decirle esto: usted no necesita la pintura ni el traje de payaso para ser un testigo efectivo de Cristo. Una de las cosas principales que usted tiene a su favor es su condición de "laico". Los demás esperan que los empleados de la iglesia sean los que salgan a compartir su fe. Algunos piensan que para eso se les paga. Pero cuando un no profesional que se gana la vida en alguna ocupación secular comparte su fe intencionalmente, usted será más eficaz que el pobre payaso de Kierkegaard.

Archibald creía que no se alcanzaba a la gente porque los laicos no hacían los planes para alcanzarlos. El caso real del señor J. tiene que ver con esto. Archibald citó a seis de sus hombres a que se reunieran como un concilio para decidir qué hacer con el señor J. El señor J. era un destacado vendedor de seguros. Asistía regularmente a las reuniones de la iglesia. Su esposa y su hija eran miembros de la iglesia. El asistía, y eso era todo. El concilio discutió todos los aspectos de la vida del Sr. J: trasfondo, actitudes, interés actual, disposición y temperamento. Por último, después de orar, decidieron que el señor G. y el señor F. eran los más adecuados para hablar con él. Ellos estuvieron de acuerdo en hacerlo, se estableció una fecha para el encuentro y se decidió que presentarían un informe tres noches después.

El equipo concertó una cita para ver al señor J. al día siguiente en su oficina. Al día siguiente, luego de algunas trivialidades, los hombres fueron directamente "al grano" e invitaron al señor J. a que aceptara a Cristo como su Salvador y se uniera a la iglesia. El señor J. se quedó en silencio por un rato. Luego, este exitoso hombre de seguros expresó su sorpresa de que dos laicos hubieran venido a verle con esa misión. Los invitó para que fueran a su casa la noche siguiente y llevaran también al pastor.

Muy gozosos se presentaron todos en el hogar del señor J. a la hora señalada. Allí, en presencia de su esposa y su hija, el señor J. confesó su fe en Cristo. No sólo el señor J. se unió a la iglesia, sino que cinco años más tarde servía como el director de la escuela dominical de su iglesia. Uno se pregunta cuántas personas como el señor J. asisten a nuestras iglesias, que estarían dispuestas a aceptar a Cristo si hubieran laicos fieles que las buscaran en privado y les extendieran la invitación.

Cada Cristiano Es un Ministro

Aquellos que aluden al obstáculo profesional no saben que

El Obstáculo del Profesionalismo

cada cristiano es un ministro. Tienen la idea mental de una "iglesia alta", lo que contradice la doctrina neotestamentaria del sacerdocio de todos los creyentes.

Findley Edge, un líder destacado en el movimiento de los bautistas laicos, ha identificado dos conceptos importantes que llegaron a ser el foco de su vida. Simplemente, estos conceptos eran que el llamado básico de Dios es un llamado al ministerio, y que el ministerio de los laicos es básico para este llamado. Estos dos conceptos fueron el fundamento de la comprensión de Edge en cuanto al evangelio y a su filosofía de la educación religiosa.

He visto varios boletines semanales de iglesias que muestran junto al encabezamiento "Ministro" las palabras "Cada miembro". Luego, junto al encabezamiento "Pastor" aparece el nombre del pastor. Este es un esfuerzo para dar testimonio de la certeza de que cada cristiano es un ministro. Esta palabra significa simplemente un siervo, no un ministro profesional o bivocacional que ha sido altamente capacitado. Nuestra evangelización debe estar centrada en los laicos y apoyada por el pastor, en vez de estar centrada en el pastor y apoyada por los laicos. No hay manera bajo el cielo en que podamos pagar al pastor y a los demás ministros de la iglesia para que hagan nuestra tarea de testificar.

El mejor momento para que enseñemos e implantemos la verdad de que cada creyente es un ministro probablemente es cuando alguien se convierte a Cristo y se une a la iglesia. Mary Cosby, de una iglesia en Washington, relata el caso de uno de los nuevos convertidos. Este era un hombre de más de setenta años cuando, después de muchos años de resistirse, por fin decidió aceptar a Cristo y unirse a la iglesia. Más tarde, este caballero le contó a Mary que sólo una vez se había sentido decepcionado después de haberse unido a la iglesia.

—¿Y por qué? —preguntó Mary.

—Oh, no sé, —dijo él—, pero yo era una *nueva persona* y creía que el día que me uniera a la iglesia, usted iba a venir a decirme: "Bueno, Bill, necesitamos un hombre en Argelia; empaca tus cosas y saldrás mañana."

—¿Y tú hubieras hecho eso?,— preguntó Mary.

—Por supuesto que sí. ¡Yo era una nueva creación!

En vez de pedirle que fuera a Argelia, a Bill le pidieron que sirviera en la comisión de acomodadores. Mary Cosby tiene razón al observar que no hay nada malo en pedir a alguien que sirva como acomodador; ¡a menos que la persona esté lista para ir a Argelia!

El Ministerio de Equipar

Una de las cosas más útiles que pueden hacerse para derribar el obstáculo profesional es que los ministros profesionales tomen más en serio su ministerio de equipar.

Archibald escribió: "Uno se pregunta hasta qué medida el fracaso de los ministros en alistar a los laicos para la obra cristiana activa, es responsable de nuestra actual declinación evangelizadora." Pareciera que algunos pastores prefieren hacer ellos toda la evangelización personal de su iglesia. No quieren mostrar a sus miembros cómo ser testigos eficaces.

He aquí a lo que me refiero cuando hablo del ministerio de equipar. Alguien preguntó al filósofo cuáquero Elton Trueblood cómo recordaba él los orígenes del movimiento laico. El respondió: "Un gran cambio ocurrió el 1 de enero de 1950." En ese día el misionero y obispo anglicano en la India, Stephen Neill, habló en una conferencia entre varios seminarios de Norteamérica sobre el tema "El ministerio de equipar". Neill tomó la frase del capítulo cuatro de Efesios. "Hasta donde yo sé", dijo Trueblood, "hasta ese momento nunca se había usado esa frase".

A lo que me refiero al hablar del ministerio de equipar es a lo que se dice en Efesios 4:11, 12:

Y él mismo constituyó a unos apóstoles, a otros profetas, a otros evangelistas, y a otros pastores y maestros, a fin de capacitar a los santos para la obra del ministerio, para la edificación del cuerpo de Cristo (RVA).

Considero que la función principal de los obreros de la iglesia que dedican todo o parte de su tiempo a la obra es la de equipar al resto del pueblo de Dios para la obra del ministerio. Todos nosotros somos llamados al ministerio, pero algunos de nosotros somos llamados y dotados para el ministerio de equipar.

5
El Obstáculo del Modelo

Objeción: "Yo no soy ningún Billy Graham."

Enseñanza Escritural: *Salmo 107:1-3; 1 Pedro 2:18-25*

Introducción

Muchas veces he oído a cristianos que, cuando se les pedía que compartieran su fe, decían: "Yo no soy ningún Billy Graham." Ese es el obstáculo del modelo que debemos vencer para que más ciudadanos del reino de Dios se conviertan en testigos intencionales de Jesucristo.

Una Respuesta Preliminar

Una respuesta preliminar a esta objeción sería: "Por supuesto que usted no es ningún Billy Graham. No se espera que lo sea. Dios quiere que usted sea usted mismo."

Permítame liberarlo. Usted no tiene que ser un Billy Graham en miniatura, u otro predicador famoso, o sentirse apabullado por la estatura de un D. L. Moody para ser un testigo eficaz de su Señor.

Dios necesita un solo Billy Graham. Además, a éste no le interesa el exhibicionismo. Cierta vez le preguntaron al mismo Billy Graham: "¿Qué es más importante, la evangelización en masa o la evangelización de uno en uno?" El respondió: "La evangelización de uno en uno. A mi juicio, no hay tal cosa como evangelización en masa; esa es una frase incorrecta."

¡TESTIFICA!

Usted está en lo cierto al querer presentarse de la mejor manera para testificar. Eso es tan correcto en la evangelización como en las normas de etiqueta. Pero Dios no espera que usted sea alguien que no es o que se transforme en alguien que no puede ser. Dios se agradará con lo mejor de usted. Aun lo aceptará tal como es, con defectos y todo.

La Mayoría de los Evangelistas Son Laicos

En realidad, la mayoría de los evangelistas son laicos como usted. Es algo muy instructivo e inspirador que L. R. Scarborough en su libro *With Christ After the Lost* (Con Cristo Tras los Perdidos), haya reconocido una deuda de gratitud "hacia Doc Peques, ahora con el Señor, cuyo celo incansable al buscar a los perdidos siendo un laico sin capacitación, avivó las llamas de los fuegos santos de la evangelización en su propia alma". Scarborough estaba diciendo que un laico no entrenado había alimentado los fuegos de la evangelización en su propia alma.

¿Alguna vez ha considerado Hechos 1:8 a la luz de Hechos 8:1? Piense por un momento en estos dos versículos:

- Hechos 1:8: "Pero recibiréis poder, cuando haya venido sobre vosotros el Espíritu Santo; y me seréis testigos en Jerusalén, en toda Judea y Samaria, y hasta lo último de la tierra."
- Hechos 8:1: "Y Saulo consentía en su muerte. En aquel día hubo una gran persecución contra la iglesia que estaba en Jerusalén; y todos fueron esparcidos por las tierras de Judea y de Samaria, salvo los apóstoles."

En cierto modo, Hechos 8:1 es el cumplimiento de la promesa de Hechos 1:8. Esto es especialmente cierto en cuanto a la dispersión por toda Judea y Samaria. Sin embargo, no fueron los apóstoles quienes llevaron el evangelio a Judea y Samaria. Ellos se quedaron en Jerusalén. Más bien fueron los miembros rasos de la iglesia los que "iban por todas partes anunciando el evangelio" (Hech. 8:4).

Esteban, uno de los siete, fue el primer mártir cristiano. El era un laico que llegó a ser uno de los aguijones contra el cual

El Obstáculo del Modelo

Saulo de Tarso daba coces. Por cierto, se puede decir que el apóstol Pablo fue una respuesta a la oración de Esteban. Después de la muerte de este diácono, aquellos que fueron diseminados fueron los que llevaron el evangelio a Judea y Samaria. Felipe, otro de los siete, es un ejemplo de cómo evangelizaban los primeros cristianos (ver Hech. 8:4-40). Encuentro muy instructivo y sugestivo que Felipe, un laico, sea la única persona a quien el Nuevo Testamento denomina "el evangelista" (ver Hech. 21:8). No tenemos ninguna garantía neotestamentaria para creer la enseñanza de que todos los evangelistas pertenecen a una categoría especial, denominada "clérigos."

Dios usa a personas comunes para que sean sus testigos. No hace falta ser extraordinario en el sentido de ser supertalentoso, supereducado, superextrovertido, superagudo, etc. Por favor, créame que lo poco es mucho cuando usted lo entrega a Dios y lo usa para su gloria.

El 13 de mayo de 1982 un avión cayó en las aguas heladas del río Potomac, cuando apenas dejaba el aeropuerto. Martin Skutnik, de 28 años, estaba en la escena por casualidad. El permaneció a la orilla del río junto con otros espectadores. Una mujer sobreviviente del accidente luchaba en las aguas heladas. Skutnik se arrojó al río y la rescató.

El nunca había tomado un curso de salvavidas, pero salvó la vida de la mujer. Pero Martin Skutnik no paró ahí. Aunque ya estaba medio helado y con la posibilidad de congelamiento, entregó su chaqueta seca a otro sobreviviente que había sufrido la fractura de dos piernas.

Skutnik había trabajado como empaquetador de carnes, pintor de casas, empleado en una mueblería, cocinero y lustrador. Tenía una esposa y dos hijos. Vivía en una pequeña casa alquilada. En otras palabras, era lo que llamaríamos "una persona común y corriente". Pero él no podía quedarse inmóvil y permitir que otro ser humano muriera sin que él tratara de ayudarlo. Ese día, él fue nuestro héroe al arriesgar su vida y su salud para rescatar a otro ser humano.

Yo creo que algunas de las personas de rescate más efectivas para los que perecen y mueren, son cristianos tan desconocidos como lo era Martin Skutnik antes del 13 de enero de 1982. Algunos de los héroes anónimos de Dios pueden muy bien ser aquellos fieles pescadores de hombres laicos cuyos nombres y acciones son desconocidos para nosotros y para nuestros historiadores.

Usted Es de la Realeza

Puede que usted no sea un Billy Graham, pero si es cristiano, usted es de la realeza. El asalto secular a los valores cristianos puede verse más en la manera como restan valor a las personas.

Casi desde que nacen se les dice a nuestros niños y jóvenes que ciertas marcas de ropa son mejores que otras. Considere lo que pasó con los pantalones vaqueros. Transmitimos a las personas el mensaje de que, si quieren ser aceptadas, tienen que usar ropa con el nombre de otro. No es de extrañar que las personas están confusas en cuanto a su identidad.

Necesitamos decir a la gente que la única marca que deben usar es "cristiano." El nombre que realmente interesa para usar de modelo es el de Jesucristo.

Usted sabe que pertenecemos a la realeza. Los hijos e hijas del rey Jesús son príncipes y princesas. El nos hizo así. Su palabra a nosotros es que somos "reyes" y "sacerdotes" (ver Apoc. 1:6). No somos simplemente sacerdotes, somos "real sacerdocio" (ver 1 Ped. 2:9). La palabra **sacerdote** en latín es *pontifex*, que significa literalmente un constructor de puentes. Por lo tanto, usted y yo como ciudadanos del reino somos la realeza de constructores de los puentes de Dios. Somos lo que, al servicio del Rey Jesús, construimos los puentes a través de los cuales otros llegan a Dios.

Puedo decir lo que aquel muchacho de campo dijo: "Si eso no hace repicar algo en usted, su campana debe estar rota." No todos nosotros tenemos la oportunidad o la capacidad natural de un Einstein, un Salk o un Schweitzer. Pero dentro de cada uno de nosotros hay una chispa que puede encender un fuego creativo, si la usamos.

El Obstáculo del Modelo 49

Usted Puede Hacer Algo

Puede que usted no sea un Billy Graham, pero hay algo que usted puede hacer para el Señor. El salmista dijo: "Díganlo los redimidos de Jehová" (Sal. 107:2). Si Dios ha hecho que usted se reúna con él y le ha rescatado de la obscuridad de la tierra, usted puede decir eso con sus propios labios.

A veces enfatizamos tanto a los evangelistas dinámicos como Billy Graham que hasta varios predicadores me han dicho: "Yo no soy ningún Billy Graham." Concuerdo con el evangelista Sam P. Jones en que en un predicador es más importante la sinceridad que la lógica poderosa y la retórica pulida. Jones dijo:

No se puede fingir sinceridad. Es como el resplandor natural y saludable en la mejilla de una doncella, comparado con la pintura artificial. La sinceridad se puede distinguir siempre de la exageración emocional o los bramidos eufóricos. La sinceridad es algo del ojo y de la cara, más que de la voz o las palabras.

Si somos totalmente sinceros en cuanto a compartir nuestra fe, Dios nos librará de la "mandíbula rígida para el testimonio" y soltará nuestra lengua para hablar de su realidad, grandeza y bondad. El contar a otros lo que Dios hizo por nosotros es algo que la mayoría de nosotros podemos hacer, aunque no seamos oradores públicos consumados.

Algunos de nosotros podemos ir donde están los perdidos y guiarles al Salvador. Ellos no van a venir a nosotros. Nosotros tenemos que ir a ellos.

"Nos están esperando allí." Esta afirmación fue dicha por un testigo laico que viajó ciento treinta kilómetros para testificar a un enfermo. Este hermano testigo le había prometido al hijo que iría a ver a su padre enfermo. El hijo no podía ir porque estaba en la cárcel. El testigo fue y el enfermo aceptó a Cristo.

Todos podemos decididamente servir a Dios mediante nuestro trabajo diario. En el cementerio de una aldea de Inglaterra hay una lápida donde se lee: "Aquí yace el cuerpo de Thomas Cobb, quien hizo zapatos para la gloria de Dios en esta aldea por cincuenta años." En estos días de una mano de obra de mala calidad y producción declinante, el cristiano puede establecer un ejemplo de calidad y laboriosidad en su trabajo. Como ciudadanos del gobierno de Dios debemos vivir y trabajar de acuerdo con la Regla de Oro: "así que, todas las cosas que queráis que los hombres hagan con vosotros, así también haced vosotros con ellos; porque esto es la ley y los profetas" (Mat. 7:12).

Algunos de nosotros podemos proponernos dar testimonio a otros mediante nuestras plumas y máquinas de escribir. Frederick Buechner, por ejemplo, ha estado escribiendo por treinta años. Ha publicado diecisiete libros, sólo uno de los cuales fue un "best-seller" —*A Long Day's Dying*. (La muerte de un día largo). Escribir es más que un oficio para Buechner; es su ministerio. El dice: "Creo que escribiría aunque no hubiera nadie para leer."

Buechner se dirige a dos tipos diferentes de audiencias. Sus obras serias están dirigidas a personas como la congregación de una iglesia; mientras que las de ficción tratan de llegar a las personas que no entran ni muertas a un templo. Sleirmacher idea sus novelas para gentes a las que él llamó "los menospreciadores cultos" de la religión.

Algunos de nosotros podemos también trabajar a través de nuestras iglesias locales con organizaciones tales como Prison Fellowship (Compañerismo de la Cárcel). Este es un ministerio a los presos, fundado por Charles Colson en 1976, después del escándalo de Watergate. Este ministerio ha crecido hasta tener en la actualidad más de 100 empleados de tiempo completo en treinta y cinco estados de los Estados Unidos de Norteamérica. Su presupuesto es de casi tres millones de dólares.

Una característica interesante de esta organización es que tiene una red de comités de cuidados comunitarios. Están formados por voluntarios que dedican un día por semana a enseñar clases de Biblia, dar aliento emocional y escribir cartas para los reclusos. Muchos de estos voluntarios provienen de iglesias evangélicas conservadoras.

Otros simplemente pueden hacerse amigos de los solitarios y los perdidos. Recuerde el pedido que la señora Browning hiciera a Charles Kingsley: "Dígame cuál es el secreto de su vida, para que yo también pueda hacer que mi vida sea hermosa." La respuesta de Kingsley fue: "Yo tuve a un amigo."

Puede ser cierto que usted no es un Billy Graham, ese gran evangelista a través del cual Dios ha bendecido a tantas personas; pero hay algo que usted puede hacer para compartir su fe, por más pequeño e insignificante que le parezca. En el primer circuito de Sam P. Jones, se enfermó uno de los miembros más ricos de la iglesia y pensó que se iba a morir. Mandó llamar al pastor para que viniera y orara por él. Jones fue y, al entrar en la habitación del enfermo, éste le dijo: —Le hice venir para que ore por mí.

—Bueno, —dijo Jones—, yo no encuentro una buena razón para pedir al Señor que lo sane. Si puede darme una razón por la que usted debe vivir, voy a orar por usted. Hasta donde yo sé usted no ha hecho nada por el Señor en lo que yo pueda basarme para orar. No ha pagado absolutamente nada de los gastos de la iglesia; nada del dinero misionero para la causa doméstica o foránea ha salido de su bolsillo; los tesoreros no consiguen sacarle a usted nada para mi salario; a mi esposa, mis hijos y a mí mismo nos ha faltado lo necesario para vivir, mi caballo casi no tiene nada para comer, y usted tiene abundancia de todo aquí en su hogar, tiene alimento en el granero, y nos podría haber ayudado. Por lo tanto, no tengo ninguna base. No vale la pena que yo le pida a Dios que lo restaure. Yo puedo pedirle que le perdone y le salve y que después se lo lleve al cielo; pero no hay razón para que le pida que mantenga su vida porque usted no tiene ningún valor para la causa de Cristo.

El miembro respondió: —Tiene razón. No hay razón para que yo viva, pero puedo hacerle una promesa si eso le sirve de base.

—Muy bien, —respondió Jones—, ¿cuál es la promesa?

El dijo: —Me ocuparé de pagar todo lo que me corresponde de los gastos, y de que usted tenga todo lo que necesita para su mesa y para su caballo.

Entonces Jones oró por la sanidad del hombre. Poco después se recuperó totalmente y, para sorpresa de sus vecinos, cumplió su promesa. Este caballero pagó su voto y llegó a ser uno de los mejores amigos y quien apoyó más a Jones durante su estadía en ese circuito.

Llamados a Seguir el Modelo

No importa lo que hagamos para dar testimonio de nuestro Salvador, se nos llama a seguir el modelo de Aquél quien es el modelo perfecto de evangelista, Jesucristo. El es nuestro ejemplo, para que nosotros sigamos sus pasos, dijo Pedro (ver 1 Ped. 2:21). Aunque no seamos un Billy Graham, somos llamados a ser prolongaciones de la encarnación de Jesucristo. Como dijo Martín Lutero, debemos ser un Cristo en miniatura para nuestros vecinos.

Un modelo es en realidad una analogía. El modo de aprendizaje por analogía puede muy bien ser el más productivo. Las analogías nos brindan oportunidad de la comparación y el contraste. Considere la santidad, por ejemplo. Es una idea abstracta. Sin embargo, cuando uno puede decir "Esa persona es santa", ahí se tiene una analogía. Dado que esa persona es santa, si en realidad lo es, uno puede compararse con esa persona.

Hay algo que los cristianos no pueden delegar en otros, y es su papel de seguir el modelo al evangelizar. Cierto ministro de jóvenes, que ha coordinado diecinueve equipos misioneros a ocho países, afirma: "Si los estudiantes han de captar una visión del mundo, primero la iglesia debe mostrarles ejemplos que tengan esa visión."

Ananías y Safira probablemente dieron más que cualquiera de nosotros. Pero murieron por farsantes. Ellos no imitaron el modelo de Jesucristo.

Conclusión

¿Usted se equivocó alguna vez? Si usted está vivo, lo habrá hecho. Escuché a un predicador que por treinta minutos estuvo predicando del ciego Barrabás. Mientras nuestra medida y nuestro modelo sea Jesucristo, nunca lograremos la perfección en nuestra vida. Pero solamente cuando seguimos su ejemplo perfecto, y el de aquellos que lo imitan, nosotros tenemos la posibilidad de vencer el obstáculo del modelo para testificar.

6
El Obstáculo del Tiempo

Objeción: "Pero no tengo tiempo."

Enseñanza Escritural: *Salmo 118:24; Efesios 5:16*

Introducción

Casi todos los testigos fieles de Jesucristo han tenido que vencer alguna vez el obstáculo del tiempo. ¿Cuántas veces usted se ha dicho: "Pero no tengo tiempo"? Es muy probable que si usted no lo ha dicho, haya escuchado a otro decirlo como una razón para no compartir su fe de una manera intencional y estructurada.

Condición de Muy Ocupado

Debemos admitir que muchos de nosotros estamos muy ocupados en estos días. Estamos ocupados en ganarnos la vida, ocupados en hacer que la vida valga la pena tanto para nosotros como para nuestros vecinos, ocupados en la recreación, la educación, los clubes cívicos, los hijos, la iglesia, el trabajo y mil otras actividades. No hay nadie más ocupado que nosotros y, sin embargo, parecemos más ocupados de lo que realmente estamos. Concuerdo con William H. Willimon en que "la manera en que usamos nuestro tiempo dice algo en cuanto a nuestras prioridades, nuestras necesidades personales y nuestras inseguridades".

¿Cómo usa su tiempo la mayoría de nosotros? Ted Turner, fundador de la Cadena Noticiosa de Cable, dijo en 1981: "En una semana típica, pasamos 52 horas durmiendo, 45 horas trabajando, 14 comiendo, 7 en higiene personal y 5 en ir y venir del trabajo. Y, de acuerdo con A. C. Nielsen, el norteamericano promedio pasa 35 horas mirando la televisión. Eso deja sólo 10 horas para todo lo demás."

Es verdad que muchas personas no tienen mucho tiempo libre. En 1981 conocí a un hombre en Detroit que tenía dos trabajos de tiempo completo. Estaba tratando de ganar lo suficiente como para cuidar de su familia que iba en aumento. Los que trabajan de esta manera seguramente no tienen mucho tiempo para otras cosas.

También los pastores están atrapados por las innumerables ocupaciones de nuestra sociedad. Muchos de ellos trabajan más de lo que deben y ganan menos de lo que deben. También sienten que no tienen tiempo para testificar conscientemente y hacer discípulos.

Este tipo de respuesta de los pastores llevó al pastor A. C. Archibald a decir: "El hombre que está demasiado ocupado para ganar almas está demasiado ocupado para ser un ministro. El ministro debe saber más acerca de la evangelización, y también *hacer* más acerca de la evangelización, que cualquier laico de su iglesia."

Cualquiera que estudia la vida y ministerio de Phillips Brooks sabrá cuán ocupado estaba. Los inconversos y sus alumnos lo asediaban constantemente golpeando la puerta. Sus amigos le instaban a que no sacrificara su tiempo con ellos. Sin embargo, Brooks decía: "El hombre que quiere verme es el hombre a quien yo quiero ver."

Concuerdo bastante con William Feather que dijo: "Todos encontramos tiempo para hacer lo que realmente queremos hacer." Nosotros usamos y, en cierta medida, controlamos nuestro propio tiempo. No nos colocaron en una misteriosa máquina de tiempo ni fuimos hechos prisioneros del tiempo. En vez de que el tiempo nos controle, debemos tratar de controlarlo y hacerlo nuestro siervo para poder hacer la voluntad de Dios.

Otra fase del tipo de ocupaciones en nuestra cultura es el

El Obstáculo del Tiempo 55

aumento del tiempo libre y los nuevos arreglos laborales que dan a las personas más tiempo para estar fuera de sus trabajos. Cierto hospital de la ciudad de Kansas, por ejemplo, tiene un nuevo plan de trabajo para las enfermeras, llamado "7-70". Las enfermeras trabajan diez horas por día, siete días a la semana, o un total de setenta horas por semana. Obtienen veintisiete semanas libres por año, incluyendo una garantía de tres semanas consecutivas libres. No hay rotación de turnos ni rotación con otras unidades hospitalarias.

Además, no importa cuán ocupados estemos, cada uno de nosotros tiene la misma cantidad de horas en cada día. Desde el punto de vista estricto del tiempo cronológico, usted tiene tanto tiempo como cualquier otro individuo.

La Seriedad y la Urgencia del Tiempo

La Biblia nos da ciertas pautas en cuanto al uso del tiempo. Dios toma el tiempo muy en serio, y nosotros debemos hacer lo mismo. El es el Creador y el Señor del tiempo. Fue él quien separó la luz de las tinieblas y quien llamó a la luz día y a las tinieblas llamó noche (ver Gén. 1:3-5). El hizo el primer día y todos los que siguieron. Agustín decía que, probablemente, el tiempo fue creado en el mismo punto de la actividad divina en que el universo visible llegó a existir.

Un aspecto del tiempo que muchas veces pasamos por alto en cuanto a nuestro testimonio es lo repentino de la segunda venida del Señor. El vendrá como un ladrón en la noche. Su venida será a una hora que no esperamos. Por lo tanto, debemos estar listos y procurar tener todo en orden para su aparición (ver Mat. 24:41-44).

La tarea de testificar es urgente porque se acerca la noche final. Un día, no sabemos cuándo, caerá la cortina final sobre la historia. Debemos hacer diligentemente las obras del Hijo quien nos ha enviado porque viene la noche "cuando nadie puede obrar" (ver Juan 9:4).

Cierta anécdota de origen desconocido cuenta de un hombre y una mujer de las montañas de Carolina del Norte, a quienes les gustaba escuchar los sonidos del gran reloj de pie. Cierta vez, el reloj se descontroló y sonó dieciocho veces en vez de doce, a la medianoche. El serrano le dijo a su esposa: "Despiértate, querida. Tenemos que hacer algo rápidamente. Es mucho más tarde de lo que nos imaginamos que fuera." Hay un sentido en el cual el testigo cristiano debe tener siempre la actitud del serrano hacia el tiempo. ¿No deberíamos proclamar constantemente: "Despiértate, tú que duermes, y levántate de los muertos, y te alumbrará Cristo"? (Ef. 5:14).

William Sarayan, cinco días antes de su muerte a la edad de setenta y dos años, llamó a la *Associated Press*, diciendo: "Todos tienen que morir, pero yo siempre pensé que en mi caso se haría una excepción. ¿Ahora qué hago?" Necesitamos recordar para nosotros y para el resto de la humanidad que hay dos cosas que son seguras: nuestra propia muerte y el juicio venidero de Dios (ver Heb. 9:27).

El ayer se fue y el mañana puede nunca ser nuestro. El hoy puede ser todo lo que tenemos. El salmista dijo: "Este es el día que hizo Jehová; nos gozaremos y alegraremos en él" (Sal. 118:24). Esta afirmación nos ayuda a comprender la eternidad del día de hoy.

El predicador en Eclesiastés nos asegura que "todo tiene su tiempo, y todo lo que se quiere debajo del cielo tiene su hora" (Ecl. 3:1). Seguramente, si hay un tiempo para cada cosa, debe haber un tiempo para compartir la fe. Ese testigo de la antigüedad nos asegura que hay un "tiempo de callar y tiempo de hablar" (Ecl. 3:7).

El Tiempo Como un Regalo de Dios

El tiempo es uno de los regalos más preciosos de Dios para nosotros. Somos mayordomos del tiempo. Esa puede ser la razón de las palabras del salmista: "Enséñanos de tal modo a contar nuestros días, que traigamos al corazón sabiduría" (Sal. 90:12).

Con seguridad, Maxine Hancock no es una dama ociosa. Es una ama de casa, escritora y maestra que vive en Canadá. Ella ha escrito: "La actitud central que controla mi concepto en cuanto al tiempo y su uso es que *el tiempo es un regalo* que debe ser usado para la gloria de Dios."

¡Cada uno de nosotros vivimos con el tiempo prestado!

El Obstáculo del Tiempo

Todos los días que tenemos, sean muchos o pocos, los recibimos prestados de Dios. "Este es el día que hizo Jehová." Yo no lo hice. Usted tampoco. Dios hizo este día. El hizo todos los ayeres. Si mañana llega, él también lo habrá hecho. Cada día es un día que Dios nos presta. Dios es el Señor del tiempo y de la historia. Nuestra ocupación es gozarnos y alegrarnos en cada día que se nos presta.

Hebreos 2:1 tiene una exhortación contra el no aprovechar nuestra oportunidad en el propósito redentor de Dios. La frase dice: "no sea que nos deslicemos". Nosotros somos los que permanecemos firmes. A medida que fluye el río de las oportunidades redentoras, nosotros nos deslizamos a menos que aprovechemos esas oportunidades dadas por Dios y nos zambullamos en la corriente que corre.

Tres Percepciones de la Experiencia

El manejo de mi propio tiempo deja mucho que desear. Pero permítame compartir brevemente tres aspectos que me han ayudado a utilizar mejor mi tiempo. El primero es tan sencillo que cualquiera puede empezar a hacerlo ahora. Deje de ver televisión. Si usted ve algo, que sean programas especiales de alta calidad y quizá los noticieros una o dos veces por semana. La gran mayoría de los programas no valen la pena verlos. Y también pueden ser peligrosos para su salud espiritual.

Segundo, yo trato de mantener una disciplina espiritual personal que reviso cada primer día del año. Mi disciplina actual tiene doce puntos y está mecanografiada a doble espacio en una hoja de tamaño carta. Esta disciplina es un pacto que yo renuevo anualmente con Dios. Esto da estructura a mi vida diaria. De vez en cuando me evalúo a la luz de ella a lo largo del año. Puede ser que usted necesite algo tan simple como esto.

Un tercer aspecto que me ha sido útil durante varios años es escribir mis metas personales de trabajo. Cada primer día del año las vuelvo a escribir o las reviso de acuerdo con la luz que Dios me ha dado el año anterior. Esto me sirve como una estrella polar, alrededor de la cual planifico mi disciplina espiritual personal. Como en el caso anterior, estas metas están mecanografiadas en una hoja tamaño carta y ocupan menos de una página, esta vez a espacio simple. Esto me ha resultado útil, especialmente para establecer prioridades en cuanto al uso de mi tiempo. Son una forma escrita de lo que yo creo que es el deseo de Dios para mi vida. Usted puede preguntar a una persona disciplinada: "¿Cómo hace usted para tener todo hecho?" La respuesta es: "Yo no tengo todo hecho." Nadie puede hacer todo. Lo que tenemos que hacer es arreglar nuestras vidas de acuerdo con ciertas prioridades. Como cristianos debemos buscar primero el reino de Dios (ver Mat. 6:33). Su dominio y su justicia deben tener primacía en nuestras vidas.

Hay un antiguo proverbio chino que dice: "No se consigue nada que valga la pena, sin mucho dolor." He descubierto que esto es verdad al estructurar mi vida para que concuerde con las prioridades del reino.

Cómo Atrapar a los Ladrones del Tiempo

"Cuida los minutos", dijo G. K. Chesterton, "y las horas se cuidarán a sí mismas." Tan importantes como las zorras pequeñas que se comen las uvas y resultan dañadas, así son los ladrones pequeños de minutos que se comen nuestras horas y nuestros días.

Si la administración del tiempo es un problema para nosotros, será bueno que analicemos cómo usamos el tiempo. Podemos hacerlo manteniendo un registro de tiempo durante, por lo menos, un par de semanas. Se puede dividir cada día en segmentos de quince minutos. Entonces podemos anotar cómo usamos cada segmento del día.

El siguiente paso en el proceso es analizar nuestro uso del tiempo de acuerdo con ese registro. Debemos buscar particularmente los ladrones de tiempo en el uso de nuestros días. Deben identificarse esos ladrones de tiempo como las interrupciones, las reuniones innecesarias y la falta de disciplina personal. Por último, podemos decidir ocuparnos específicamente de vencer a uno o dos de esos ladrones de tiempo por un período definido.

La falta de definición es un elemento que abunda en gran parte de nuestra evangelización. No tenemos una lista definida de personas en perspectiva. Tampoco tenemos un tiempo

El Obstáculo del Tiempo

definido para la visitación evangelizadora, o equipos definidos de testigos que se hayan comprometido ante Dios, ante la iglesia y ante los demás a salir y ganar a los perdidos. Además, muchas veces nos faltan metas con límites definidos de tiempo.

Una Agenda Recetada

Andrew Carnegie, un gran ejecutivo de la industria del acero y el padre de nuestras bibliotecas públicas, preguntó cierta vez a un ingeniero en eficiencia qué podía hacer para dormir profundamente por la noche y rendir más en la oficina durante el día. La receta simple y segura fue hacer una agenda de las tareas, trámites, cartas y llamadas telefónicas más importantes del día siguiente. Debía colocar las más necesarias al principio de la lista. Luego, no debía preocuparse más por los problemas del día siguiente. En vez de eso, debía recordar que todas las tareas más importantes ya estaban escritas. Esto significaba que por la mañana podía examinarlas rápidamente sin andar a los tumbos preguntándose qué era lo próximo que tenía que hacer.

Carnegie preguntó a este experto en eficiencia cuánto le debía por su consejo. La respuesta fue que le enviara un cheque por lo que Carnegie pensaba que valía. Poco después Carnegie envió al ingeniero un cheque por 25.000 dólares, diciendo que esa idea de la agenda era lo mejor que había probado para hacer más trabajo cada día y, al mismo tiempo, no experimentar el insomnio al preocuparse por lo que debía hacer al día siguiente.

Esto puede ser lo que usted necesita. Si es así, coloque en su agenda algo en cuanto a compartir su fe.

Otras Sugerencias

Permítame mencionar otras dos sugerencias que pueden necesitar ser expandidas y destacadas. Robert Schuller, un predicador muy conocido en Norteamérica, tiene un eslogan que dice: "Centímetro a centímetro, todo resulta fácil." Muchos pueden sonreír al escuchar esto. Sin embargo, tiene sentido. Creo que puede estar basado en el proverbio chino que dice: "El camino de mil kilómetros empieza con un paso."

Aplique el eslogan de Schuller al uso de su tiempo. Idealmente, y en realidad, todo nuestro tiempo pertenece a Dios.

Aun así, nosotros tenemos que decidir exactamente cómo usarlo. Si dedicamos solamente unos pocos minutos por día para testificar será muy fácil vencer la barrera del tiempo.

En uno de sus sermones, Pablo se refirió a David quien "habiendo servido a su propia generación según la voluntad de Dios, durmió" (Hech. 13:36). Es importante que nosotros como siervos de Dios busquemos diligentemente servir a nuestra propia generación. La evangelización de nuestra generación es responsabilidad nuestra. Cuando vencemos la barrera del tiempo, es posible que muchos siervos de Dios sirvan a las generaciones futuras.

Conclusión

Puede ser que algunos de nosotros nunca superemos el obstáculo del tiempo hasta que nos comprometamos con Dios y con otros creyentes a hacer una visitación evangelizadora y un testimonio personal bien estructurados. Pero no olvidemos que el desarrollar un estilo de vida que dé testimonio es nuestra respuesta principal para conquistar la barrera del tiempo.

¿Podría alguien que conociera a Charles H. Spurgeon decir que él no era una persona ocupada? Ese nombre trae a nuestras mentes el poder de un gran predicador. Pero haríamos bien en recordar que gran parte del éxito de Spurgeon se debió a su trabajo personal con los individuos. Durante cuarenta años en Londres, él alcanzó un promedio de una persona por día convertida fuera de su púlpito.

Tenemos que estar en guardia para no permitir que lo bueno llegue a ser enemigo de lo mejor en cuanto a nuestro uso del tiempo. Jesús era una persona ocupada, pero nunca estuvo demasiado ocupado como para no dar testimonio del reino de Dios. El es nuestro modelo en cuanto al uso del tiempo. Cuando nosotros los cristianos llegamos a estar demasiado ocupados como para testificar conscientemente, estamos demasiado ocupados como para agradar a Dios.

7
El Obstáculo del Conocimiento

Objeción: "No sé cómo hacerlo."

Enseñanza Escritural: *Jeremías 9:23, 24; Gálatas 6:14, 15*

Introducción

El obstáculo del conocimiento es otra barrera formidable que debe ser vencida para que el testimonio sea eficaz. Este obstáculo gira alrededor de la objeción: "No sé cómo hacerlo." A veces la objeción se expresa así: "No sé qué decir ni cómo decirlo." Otra variante es: "No sé cómo hablar a la gente." A menudo trae aparejado el no saber qué bosquejo o qué pasaje bíblico usar, y una falta de conocimiento sobre cómo acercarse a las personas y guiar la conversación hacia el tema del evangelio. Este es un verdadero obstáculo en las mentes y los corazones de muchos testigos potenciales.

Algunos No Saben Cómo Hacerlo

Me siento inclinado a tomar en serio esta objeción. Hay muchos que no saben cómo hacerlo. "La iglesia promedio quisiera hacer la obra de evangelización, pero no sabe cómo", escribió A. C. Archibald. "El predicador promedio tiene mucho deseo de ejercitar en sí mismo la evangelización, pero tiene dificultad en el 'cómo'."

Si muchos pastores no saben cómo ganar a los perdidos, seguramente no nos debe sorprender que muchos laicos no sepan cómo hacerlo. El doctor James Kennedy, fundador de Evangelismo Explosivo, ha dicho cómo exhortó a su gente para compartir su fe, cuando él comenzó su obra pastoral en la Iglesia Presbiteriana de Coral Ridge, en Florida (Estados Unidos de Norteamérica). Fue sólo cuando Kennedy mismo aprendió cómo hacer la evangelización personal y se decidió a mostrar a su gente cómo hacerlo, que llegó a ser eficaz como capacitador de evangelistas. Hace falta mucho más que la exhortación para capacitarnos a nosotros mismos y a otros para compartir nuestra fe.

Sin embargo, no podemos inferir automáticamente que los que expresan honestamente esta objeción están motivados a querer aprender cómo hacerlo. Pero un buen número de ellos sí lo están, de manera que debemos hacer todo el esfuerzo posible para mostrarles cómo hacerlo. Esta objeción señala la necesidad de que los pastores y otras personas se capaciten para testificar.

El Conocimiento de Dios

El conocimiento esencial para compartir la fe es un conocimiento personal de Dios. Una cosa es *saber de* Dios y otra muy diferente es *conocer* a Dios.

El obispo Mortimer Arias, de Bolivia, dijo de su país: "Miren, más de la mitad de la población cree que ya son cristianos. Ellos no piensan que necesitan conocer el evangelio más y mejor. No hay gente más difícil para evangelizar que ellos."

Parte de nuestro problema para evangelizar es que algunos que no saben cómo hacerlo, tampoco tienen un conocimiento de Dios en Cristo íntimo y de primera mano. El profeta Jeremías dijo que no deberíamos gloriarnos en la sabiduría, o el poder, o las riquezas, sino en nuestra comprensión y conocimiento de Dios (ver Jer. 9:23, 24). Pablo se gloriaba solamente en la cruz de Cristo. Para el gran apóstol, la nueva criatura y la crucifixión al mundo, contaban más que la circuncisión, la incircuncisión o cualquier otra cosa (ver. Gál. 6:14, 15).

H. Thomas Walker sugiere cinco elementos esenciales para un programa efectivo de visitación evangelizadora:

El Obstáculo del Conocimiento

- El que visita tiene que tener una fe para proclamar y saber cómo articularla.
- Tiene que creer y expresar confianza en la iglesia como el cuerpo de Cristo.
- Tiene que tener y expresar interés por la persona a quien visita.
- Tiene que ser capaz de revelar y compartir su propia experiencia de fe.
- Tiene que ser capaz de y estar dispuesto a ayudar a la persona en perspectiva a responder al desafío del evangelio.

Note que cuatro de estos cinco elementos esenciales tienen que ver con nuestra experiencia personal y nuestro conocimiento personal de Dios. Es difícil proclamar una fe que no se tiene. Si usted y yo no creemos personalmente en la iglesia como el cuerpo de Cristo, ¿cómo haremos que otros expresen su fe? Si no tenemos una experiencia de fe, ¿cómo vamos a revelar lo que no poseemos? Si no hemos respondido al desafío del evangelio, ¿qué posibilidad tenemos de ayudar a otros a que respondan?

El requisito para saber cómo compartir nuestra fe es conocer a Dios. Para un testimonio efectivo es esencial un conocimiento de Dios por experiencia a través de Cristo. Todo otro conocimiento está basado en este conocimiento fundamental. Dios nos ha revelado en Cristo los tesoros escondidos de la obscuridad (ver Is. 45:3). En Cristo están "todos los tesoros de la sabiduría y del conocimiento" (ver. Col. 2:3). Esta es la razón por la que toda la evangelización comienza con la doctrina del nuevo nacimiento, la mente nueva, el corazón renovado y la nueva creación. Este "misterio" no es el conocimiento secreto de los herejes gnósticos. Más bien, es el secreto revelado de Dios dado a conocer a todos en las buenas nuevas del reino de Dios.

Por lo tanto, la primera pregunta que debemos formularnos nosotros y todos los que han de ser testigos de Cristo es: ¿Conoce usted a Dios en Cristo? ¿Su conocimiento de Dios es de segunda o de primera mano? El gran apóstol Pablo dijo a los corintios: "Me propuse no saber entre vosotros cosa alguna sino a Jesucristo, y a éste crucificado" (1 Cor. 2:2).

Todo el que conoce a Jesús puede testificar de él. La mujer

de Samaria dejó sus cántaros de agua y habló a sus vecinos de Jesús. Ella no tenía ningún tipo de entrenamiento. Lo que tenía era una iluminación y un encuentro personal con el Salvador del mundo.

El Conocimiento Correcto Es Importante

Necesitamos estar muy seguros en cuanto a la veracidad de aquello sobre lo que vamos a dar testimonio. Aun los testigos oculares de primera mano pueden estar equivocados. Un ejemplo poderoso de esto es lo que sucedió a un hombre de Carolina del Sur en la Navidad de 1980.

Este hombre fue arrestado en Carolina del Sur, a media noche de la víspera de Navidad y acusado de haber asesinado a un oficial de policía en otro estado lejano, ¡ese mismo día! Tres testigos oculares del asesinato en el otro estado identificaron a este hombre de entre una serie de fotos de asaltantes. Uno de los testigos era una monja católica, otro era un médico y el tercero un automovilista. Estos tres habían sido secuestrados y luego liberados por el asesino. ¡Ellos juran, hasta el día de hoy, que éste fue el hombre que los secuestró y mató al oficial!

Pero, he aquí que diecisiete testigos oculares juraron que el acusado de asesinato estaba trabajando con ellos a la misma hora del hecho. Además, el reloj fichero de la compañía muestra que el acusado estaba trabajando ese día. Obviamente, este es un caso de confusión de identidades. De más está decir que los cargos de asesinato fueron quitados.

Afortunadamente, para nosotros como testigos cristianos, no dependemos sólo de los ojos para nuestros actos y experiencias. Nuestros ojos ven, nuestros oídos oyen, nuestras manos tocan, nuestras narices huelen y nuestras lenguas gustan como si fueran de Aquel que es la Palabra de vida (ver 1 Juan 1:1-3). No son sólo tres o diecisiete de nosotros, sino una gran multitud que nadie puede contar. Nuestro carácter y nuestra reputación están más allá de cualquier reproche. Nosotros no hemos experimentado a Cristo una sola vez por unos minutos o unas horas, sino que nuestro testimonio abarca desde el año 4 a. de J.C. hasta el presente, y cubre toda la tierra en vez de sólo uno o dos lugares.

El Interés Es Más Importante que el Saber Cómo Hacerlo

Habiendo dicho todo esto, sigo afirmando que para el testimonio, el interés genuino es más importante que el saber exactamente cómo se hace. A. C. Archibald creía que "el instrumento más potente sobre la tierra para ganar un alma" para el Salvador es un *"profundo sentido de inquietud"*. El decía: "Si uno no tiene eso, no hay elocuencia, posición o brillantez que lo haga un ganador de almas."
Archibald relató cómo había razonado por una hora con un hombre y no había llegado a nada. Después vino un hombre, muy humilde pero muy fiel, que se acercó a ese mismo inconverso. Después de haber sido intimidado por los argumentos elevados y la facilidad de palabra del inconverso, el pobre amigo confuso, con lágrimas corriendo por sus mejillas, dijo: "Señor _____, yo sé que no puedo superar sus argumentos. Pero yo conozco a mi Salvador y Señor, tengo una ansiedad terrible que me impide dormir por las noches; es tanto mi deseo de verle como un hombre salvo." Con esto el candidato sucumbió y en ese momento entregó su vida a Jesús.
No hay substituto para una inquietud así. Pueden faltar muchas otras cosas, pero si esa pasión está ausente en nuestra evangelización, no vamos a llevar a muchos al Señor. A lo que nos referimos realmente aquí es a esa pasión por los perdidos que se revela en un amor *agape* en acción para satisfacer las necesidades profundas de las personas perdidas.
Una evangelización sin compasión es una evangelización sin poder. Puede ser que necesitemos orar: "Dios, quebranta mi corazón con las cosas que quebrantan el tuyo."
Generalmente, los voluntarios son más efectivos en el ejército de Dios que los conscriptos. Buscamos obreros con un corazón dispuesto. La conscripción no armoniza con el sabor de la evangelización intencional.
Hace algunos años, un hombre se volvió loco. Comenzó a disparar a todos los que veía. Hubo muchos muertos y heridos. Un hombre que estaba siendo atacado en una oficina cercana, alcanzó a agarrar el teléfono y a esconderlo consigo mientras

estaba tirado al suelo. Llamó a la operadora y le imploró: "¡Por el amor de Dios, llame a la policía! Hay un hombre aquí que está matando a todos los que puede. ¡Por favor, apúrese!" La operadora le dijo: "Lo siento, pero tiene que marcar el 411 para conseguir el número de la policía."

Durante la Segunda Guerra Mundial un soldado fue mortalmente herido en la tierra de nadie entre las dos trincheras. El llamó a su amigo para que viniera a ayudarle. El amigo se dirigió al oficial y dijo: "Señor, deme permiso para traerlo aquí." El oficial dijo: "¡No! Para cuando usted llegue aquí el ya estará muerto." Pero el amigo insistió. Por último, el oficial accedió y dijo: "Está bien. Vaya." El soldado trepó la trinchera. Entonces fue herido por el fuego enemigo. Luego de cierto tiempo regresó arrastrándose hacia la trinchera y empujando el cuerpo de su amigo. El oficial dijo: "¿Qué le dije? ¡Está muerto! ¡Y usted está herido! ¿Qué logró con esto?"

El soldado respondió: "Señor, él no estaba muerto cuando llegué. Cuando me vio, me dijo: 'Yo sabía que ibas a venir'."

Muchos de nuestros seres amados, amigos y vecinos inconversos están dependiendo de nosotros. Si nuestro interés es lo suficientemente profundo, no vamos a defraudarlos. Nuestra compasión se mostrará en nuestras obras. Una de las cosas más fáciles en el mundo es hablar. Una de las cosas más difíciles en el mundo es comunicar. El amor *agape* se comunica en acciones que respaldan nuestras palabras.

Ama y Haz lo que Quieras

Se dice que Agustín dijo una vez: "Ama a Dios y haz lo que quieras." La ley del amor es muy poderosa. Si amamos verdaderamente a los perdidos podemos usar casi cualquier técnica legítima y ser efectivos en guiarlos a Cristo.

El caso del señor R. es poco común, pero no es tan raro como para que no lo encontremos de vez en cuando. El señor R. era el presidente del coro de la iglesia, era un líder en el trabajo social y financiero de la iglesia, y era tan popular, desinteresado y bondadoso como no se podía encontrar a otro en la congregación. El problema era que no había manifestado ser cristiano ni era miembro de la iglesia. Sin embargo, estaba dirigiendo el

El Obstáculo del Conocimiento

departamento de música —todo un departamento en el trabajo de la iglesia. Y él estaba satisfecho. La iglesia le había aceptado tal como era. ¿Por qué preocuparse? Su nombre fue presentado en una reunión del pastor A. C. Archibald con seis de sus consejeros. Algunos de ellos hasta creían que era miembro ya que había actuado como tal por mucho tiempo. Analizaron el caso del señor R. desde todos los ángulos. ¿Quién era la persona más adecuada para hablarle? Todos estuvieron de acuerdo en que este era un caso que debía tratar el pastor.

El pastor Archibald invitó al señor R. a su oficina. El pastor sintió que la mejor manera de enfrentar el caso era de manera directa y abrupta, pero que debía hablar la verdad en amor. Directamente, se dirigió al señor R. y le dijo: —¿Sabe usted... que está ocupando una posición muy anómala en la iglesia? Está asumiendo todas las funciones de un cristiano profeso y de un miembro de la iglesia, pero no es ninguna de las dos cosas. Usted está actuando la parte.

La cara del hombre se puso roja. Inmediatamente, el pastor se dio cuenta que lo había ofendido. El hombre tomó su sombrero y su sobretodo, se acercó hasta el escritorio del pastor y dijo: —Nunca imaginé escuchar que mi pastor me llamara así. ¿Cuál fue esa palabra que usted usó?

—Fue 'anómalo' —dijo el pastor.

—Yo no dije eso para herirlo —continuó el pastor—. Tuve que llamarlo de esa forma abrupta para que usted se diera cuenta de su situación. Mi deseo más profundo es que usted complete el camino que empezó tan bien. Quiero que usted, que tiene la forma de vida cristiana y su posición en la iglesia y la comunidad como un hombre cristiano, haga que esto sea una realidad siendo un verdadero cristiano, entregando su corazón a Cristo y confesándole ante el mundo.

Una semana después, el señor R. invitó al pastor a su casa. Lo recibió en la puerta diciéndole: "Pastor, ¿cuándo me puedo bautizar?" Inmediatamente, el señor R. ganó a su hijo para Cristo. Ambos fueron bautizados juntos. Las personas como el señor R. pueden ganarse si les testifica la persona apropiada en la manera apropiada y en un espíritu de amor. Si la persona sabe que la amamos, podemos decir cualquier cosa que sea necesaria y, por lo menos, nos va a escuchar.

Se Aprende Haciendo

Hasta aquí, he señalado las ideas de que algunos no saben cómo compartir su fe y necesitan que se les muestre cómo hacerlo a través de la capacitación práctica; que el conocimiento esencial para compartir la fe es el conocimiento salvador de Dios en Cristo; pero que el verdadero interés es más importante que saber exactamente cómo se hace. Si amamos realmente a los perdidos, ellos van a tolerar casi cualquier técnica legítima. Permítame continuar ahora observando que una de las mejores maneras de vencer el obstáculo del conocimiento es aprender haciéndolo.

Toda la conversación en cuanto a qué método usar puede ser una pérdida de tiempo. Lo más importante es hacerlo. Es como dijo R. G. Lee cuando alguien le preguntó cómo andar en mula. "Lo principal es ir a hacerlo", dijo Lee.

No quisiera hacer nada para restar valor a las disciplinas espirituales de la participación en la adoración pública, el estudio bíblico y la oración. Pero nos podemos engañar a nosotros mismos si pensamos que el crecimiento cristiano se logra principalmente mediante esas disciplinas. Actualmente siento que el crecimiento cristiano viene en primer lugar mediante la acción y sólo en segundo lugar mediante la alimentación. Crecemos más cuando nos proponemos dar testimonio de Jesucristo y participamos deliberadamente en el servicio cristiano ante los demás. Parte de nuestro problema puede ser que nuestra alimentación cristiana se ha transformado en un fin en sí misma, en vez de ser un medio para el testimonio y el ministerio.

Cameron Townsend comenzó su carrera misionera en 1917 cuando fue a Guatemala como vendedor de Biblias. Allí descubrió que el sesenta por ciento de la población indígena de Guatemala no hablaba castellano. Entonces Townsend, que no tenía preparación lingüística ni estudios universitarios, comenzó a traducir el Nuevo Testamento al dialecto cakchiquel.

Le llevó sólo once años terminarlo. En el día de hoy, la misma tarea generalmente requiere dos lingüistas muy capacitados un promedio de quince años. Un lingüista comparó el esfuerzo de Townsend con el de aprender cirugía cerebral sin ninguna enseñanza formal.

Si hay algo que queremos mucho, debemos estar dispuestos a pagar el precio. No hay atajos para el éxito en el reino de Dios. Después de escuchar a dos grandes pianistas, una dama dijo:
—Me gustaría poder tocar así.
Su esposo respondió:
—No, no es verdad.
Ella dijo:
—Sí que me gustaría.
Pero el esposo, que la conocía bien, replicó:
—Si tú quisieras realmente tocar así, estarías dispuesta a pagar el precio.

El precio de aprender a testificar es empezar a hacerlo conscientemente cada vez que el Espíritu de Dios pone una oportunidad en nuestro camino. Si el deseo de aprender a hacerlo es muy fuerte, vamos a aprender haciéndolo. Sólo nos apropiamos de nuestra fe cuando la compartimos. De lo contrario, no sabremos cuál es nuestra verdadera identidad o nuestra verdadera misión. Dado que Dios ha plantado en nuestros corazones la semilla de la regeneración, no podemos más que compartir nuestra fe.

En el caso de Israel, fue sólo al cumplir su misión en el mundo que podría apoderarse de su elección. La elección no es un llamado a la superioridad, sino al servicio y a la misión. Israel está desechando la elección de Dios cuando no cumple su misión. La elección por gracia es para el servicio. La misión de la iglesia es proclamar al mundo los hechos poderosos de Dios en Cristo. Nosotros aprendemos a cumplir nuestra misión estando en la misión todo el tiempo.

Algunos de ustedes pueden estar pensando: "Pero eso debe ser muy costoso." Sí, vamos a cometer errores cuando aprendemos en la práctica. Las consecuencias pueden ser serias. Sin embargo, el consejo de George Bernard Shaw todavía tiene vigencia: "No hay nada que valga la pena hacer, a menos que las consecuencias sean serias."

Use el Conocimiento que Tenga

Un buen punto para empezar a testificar es compartir lo mejor que podamos el conocimiento que tenemos. Cierta dama dijo: "El testimonio es al cristiano lo que las burbujas son a la Pepsi Cola."

Hay un proverbio africano que dice: "Hay sólo un crimen peor que el asesinato en el desierto, y es el de saber dónde hay agua y no decirlo." Una razón por la que Dios nos dio el don del habla es para que podamos hablar a otros del maravilloso amor de Dios. Si usted no sabe cómo decir algo, recuerde que la distancia más corta entre dos puntos sigue siendo la línea recta.

Cierta mujer criticaba la predicación de Dwight L. Moody por su gramática llena de errores. El contestó: "Usted parece tener una gramática bastante buena; ¿qué hace con ella para el Señor?"

El pastor Roy O. McClain habló de un hombre en China que llegó al hospital de la misión y le extrajeron cataratas de los ojos. Estuvo ausente por varias semanas. Entonces un día el hombre regresó al hospital trayendo a 100 personas con una cuerda de treinta y cinco metros. Todas eran ciegos. El imaginó que si allí habían podido ayudarle a recibir la vista, los otros también podrían recibirla en ese lugar.

Con seguridad, cada uno de nosotros podemos decir a otros dónde hemos recibido nuestra vista espiritual. Por lo menos, podemos decir: "Una cosa sé, que habiendo yo sido ciego, ahora veo" (Juan 9:25).

Leo Frank, un judío de veintinueve años, superintendente de una fábrica, fue condenado en Atlanta por matar a Mary Phagan, una de sus empleadas de catorce años. Esto ocurrió en 1913. Como consecuencia, Frank fue linchado por una turba. En 1982, Alonzo Mann, un testigo ocular del linchamiento, testificó que Frank no había cometido el asesinato. El dijo que había sido el portero de la fábrica quien también había sido el principal testigo contra Frank. El portero había amenazado con matar a Mann quien en aquel entonces tenía catorce años y hacía recados para la oficina de Frank. Ahora, casi setenta años después, Mann dijo: "Muchas veces quise sacarlo de mi corazón.

El Obstáculo del Conocimiento

Siento algo de libertad ahora. Sólo espero que esto haga algún bien."

Debe haber sido algo muy obsesionante para Mann el haber guardado para sí esa información crucial durante todos esos años. Si hubiera compartido lo que sabía en el momento apropiado, la vida de Leo Frank se habría salvado. Sin embargo, usted y yo sabemos algo crucial en cuanto a la muerte de Cristo. Si nos guardamos ese conocimiento, alguna persona condenada puede morir sin tener a Cristo como su Salvador.

Sea un Aprendiz de Toda la Vida

Hace muchos años, cuando se estaba organizando la Unión de Preparación para adultos, el ministro de educación de cierta iglesia anunció un domingo por la mañana que esa noche se organizaría una unión de adultos. Invitó a todos los adultos que sintieran la necesidad de crecimiento y desarrollo cristiano a que estuvieran presentes. A la hora señalada, se dispuso a esperar en el salón asignado, preguntándose si vendría algún adulto. En ese momento sintió pasos que se acercaban. Cuando la primera persona en responder entró al salón, no era otro que el doctor John Sampey, rector del Seminario Teológico Bautista del Sur. El rector Sampey era un aprendiz de toda la vida.

Nunca vamos a saber todo en cuanto a compartir la fe. El círculo de nuestro conocimiento de evangelización nunca estará completo; por lo menos, no en esta vida. No importa cuánto sepamos de la evangelización, nunca lo sabremos todo. Nuestras propias limitaciones quebrantan el círculo. Sin embargo, podemos y debemos tratar de ampliar ese círculo.

Una de mis metas profesionales es saber todo lo que pueda aprender en cuanto a la evangelización. No puedo saberlo todo, pero puedo saber algunas de sus partes. Puedo ampliar mi círculo. Sobre todo, si soy un mayordomo fiel de lo que Dios me da en la evangelización, aun puedo ampliar el círculo físico de todo el pueblo de Dios.

Nadie puede decirle a usted qué decir en cada situación. Tenemos que aprender a depender del Espíritu Santo para que nos dé lo que debemos decir en tiempos de tensión y estrés.

Una forma de ser un aprendiz de toda la vida y de ampliar el círculo de conocimiento en cuanto a testificar es memorizar pasajes bíblicos sistemáticamente. Memorizar la Biblia es como poner su dinero en una cooperativa de crédito. Le da el capital para que usted haga lo que necesita y en el momento en que necesita hacerlo. Lo prepara paralelas emergencias en el testimonio. James M. Gray, quien por muchos años fue presidente del Instituto Bíblico Moody, solía decir: "¡No pida al Señor que le haga recordar algo que nunca aprendió!"

Hay una palabra de exhortación en Hebreos, en cuanto a dejar el ABC de Cristo y entrar en la madurez (ver Heb. 6:1). Es hora de que algunos de nosotros nos movamos y avancemos. Nos hemos quedado con nuestro ABC espiritual por tanto tiempo. La madurez y el crecimiento nos esperan.

No Desprecie las Cosas Pequeñas

Jim era un sastre que vivía en una ciudad de Estados Unidos de Norteamérica y provenía de la India. Se había criado en una denominación que lo había expuesto al evangelio, pero nadie le había invitado a recibir a Cristo como su Salvador personal y su Señor. Su esposa provenía de un ambiente religioso muy diferente.

Cierto día, un ex alumno mío llamado Joe fue a ver a Jim para que le hiciera un traje. En uno de sus bolsillos Joe tenía una Biblia donde se encontraba marcado el camino de la salvación de acuerdo con Romanos. Jim le preguntó a Joe qué era eso y Joe le pidió permiso para compartirle algunas cosas.

El sastre se mostró muy agradecido. Cayó de rodillas y confesó sus pecados a Dios. Inmediatamente, llamó a su esposa y le contó que se había hecho cristiano. Por la conversación y la expresión de su rostro, Joe se pudo dar cuenta de que su esposa no estaba feliz con la noticia.

Hace poco, Joe volvió a ver al sastre. Esta vez estaba radiante. Su esposa se había hecho cristiana. Ambos eran miembros de una iglesia de la ciudad.

Es de destacar que Joe guió a Jim a Cristo usando ciertos versículos bíblicos llamados "el camino Romano". Si usted no sabe cómo presentar a un perdido a Jesucristo, pida a alguien que conoce el "camino Romano" que le muestre cómo marcar esos versículos en su Biblia o Nuevo Testamento. Así podrá usarlos la próxima vez que se le presente la oportunidad. Puede ser que usted necesite algo así. También puede ser lo que necesiten sus amigos y familiares inconversos para entrar en el reino de Dios. No despreciemos las cosas que parecen ser pequeñas, como el usar un plan de salvación que ya tenemos marcado en la Biblia.

Cosas Que No Se Deben Hacer al Testificar

Tenemos que ser cuidadosos al dar aspectos negativos en cuanto a un ministerio tan positivo como la evangelización. Sin embargo, podemos aprender algunas verdades si consideramos brevemente ciertas cosas que no deben hacerse.

A. C. Archibald ha sugerido que podemos compartir con nuestros alumnos de evangelización algunas cosas que hay que evitar. Entre las más importantes están:

- No discuta. Nunca discuta. Usted no tiene tiempo. Evite las discusiones como si fueran una infección. De ellas sólo sale amargura, auto-justificación y mayor dureza.
- No use frases trilladas o gastadas. Sea natural, como usted es realmente. No empiece preguntando: "¿Ya es salvo usted?" Nuestro Señor nunca lo hizo. Hable en su lenguaje de todos los días. Algunos de los testigos más eficientes en los colegios y universidades son los que se hicieron cristianos al estar allí. Ellos no traían un lenguaje religioso.
- No pierda la paciencia. Eso es fatal. "Manténgase en calma" es un consejo antiguo pero eficaz.
- No se desanime. Su visita ha sido útil aun cuando la persona no acepte a Cristo. Puede estar originando un proceso que dará fruto años después.

Conclusión

Un guía experimentado nos previene contra capacitar demasiado a los segadores del evangelio. Podemos estar tan entrenados y adiestrados que perdamos la frescura de la naturalidad y el fervor sencillo. Lo último que debe verse en un obrero evangelizador es la artificialidad.

Este mismo guía relató cómo entrenó a sus obreros por dos meses y luego los envió para su triunfo supremo. El año anterior habían hecho un buen trabajo pero este año, el entrenamiento adicional produciría una cosecha más abundante de almas, creía él. Pero, ¡ay!, fue su peor sequía.

Todos se sentaron a examinar por qué habían fracasado tan miserablemente después de haberse preparado tanto. Por último, un buen hermano se paró y dijo: "Pastor, creo que yo sé por qué fracasé este año. El año pasado yo salí y traté de ser yo mismo, invitando a la gente de la manera como yo sentía que debía hacerlo. Pero este año, traté de hacerlo como usted nos dijo, y eso me quitó lo novedoso."

8
El Obstáculo del Poder

Objeción: "¡No tengo el poder para hacerlo!"

Enseñanza Escritural: *Jueces 16:4-22; 2 Corintios 4:7*

Introducción

El octavo obstáculo para testificar podría llamarse la barrera del poder. Escondido en la frase, "No tengo el poder para hacerlo", este obstáculo es casi tan formidable como el tan disputado peñón de Gibraltar.

Si usted piensa que el tema del "poder" no es importante, fíjese en los cultos disparatados de la escena actual. "¿Cómo encontraré el poder que necesito para vivir hoy?" Esta es una pregunta que se formulan muchas personas. ¿Usted cree que es un engaño todo lo que se dice en cuanto a la sanidad? ¡Por supuesto que no!

Un misiólogo afirma categóricamente: "Cada conversión a Cristo. . . es una confrontación y un encuentro de poder con la totalidad de la humanidad en su ambiente de vida integral." Cada libro en el Nuevo Testamento, con excepción de Filemón, dice algo sobre los espíritus malos. La Biblia trata el tema del poder muy seriamente. Si usted no está convencido de esto, lea pasajes como Efesios 6:10-17; Hechos 1:1-8; 8:6-24.

Mientras algunos cristianos son débiles frente a las tentaciones del enemigo, hay un poder disponible para poder vencer al mundo y sus tentaciones. Este poder no es de nosotros mismos sino de Dios, quien es la fuente del poder que necesitamos para poder vencer al mundo y testificar de su gracia. Nunca se encuentra una insuficiencia de poder en él quién es Creador, Sustentador, Redentor y Santificador del universo. A pesar de que algunos piensan que pueden escapar de la muerte, la Biblia dice que está establecido para los hombres que mueran una sola vez, y después de esto el juicio (Heb. 9:27). Ninguno de nosotros puede generar el tipo de poder de Dios. Como dijo Pablo: "Pero tenemos este tesoro en vasos de barro, para que la excelencia del poder sea de Dios, y no de nosotros" (2 Cor. 4:7). Pero es necesario considerar algunos de los recursos de poder que están disponibles para todo creyente.

El Poder del Espíritu Santo

El poder del Espíritu Santo está disponible a todos los discípulos de Cristo. Nosotros podemos vencer el obstáculo del poder si pedimos a Dios que nos llene con su Espíritu. Ese Espíritu que él nos ha dado es "espíritu. . . de poder" (ver 2 Tim. 1:7). Cristo prometió a sus discípulos: "Pero recibiréis poder, cuando haya venido sobre vosotros el Espíritu Santo" (Hech. 1:8). La palabra usada en este pasaje para "poder" es el término griego del cual deriva en castellano nuestra palabra "dinamita".

Existe sólo un bautismo del Espíritu Santo. Sin embargo, existen muchas llenuras y ungimientos constantes del Espíritu. Somos llenos del Espíritu de la misma forma en que somos salvos, es decir, "por el oír con fe" (ver Gál. 3:1-5). Que nadie le engañe haciéndole creer que las obras de la ley, aun las obras legalistas llamadas "espirituales", pueden hacer que usted sea lleno de la dinamita del Espíritu de Dios.

Alguien preguntó a R. G. LeTourneau: "¿Qué hace usted si sabe cuál es la voluntad de Dios y no tiene la fe para cumplirla?" LeTourneau contestó: "Si yo sé cuál es la voluntad de Dios, simplemente me muevo y actúo de acuerdo con ella." Cuando el gran benefactor murió, dejó un legado valuado en más de cuarenta millones de dólares.

Es necesario que hablemos del *don* de la fe, pero también debemos hablar de la *gracia* de la fe. El don de la fe es· una

El Obstáculo del Poder

percepción inusual y sobrenatural. En la gracia de la fe hay un elemento emocional. También hay un elemento volitivo. Se requiere acción. La fe sin obras es muerta. La base de la fe es la verdad. Usted no puede simplemente creer en algo. Tiene que creer en la verdad. Y la verdad es "¿cuánto más vuestro Padre celestial dará el Espíritu Santo a los que se lo pidan?" (Luc. 11:13.) La verdad es "Pedid y se os dará" (Luc. 11:9).

Dios nos da su Espíritu para capacitarnos para testificar de él (ver Hech. 1:8). Pero el Espíritu también es nuestro Paracleto para ayudarnos y hacer posible que ayudemos a otros peregrinos errantes en el camino de la vida (ver Juan 14:15-18). Los que hemos experimentado la mediación del Espíritu Santo somos llamados a ser paracletos para otros. Un paracleto es, literalmente, uno llamado a ponerse al lado de otro. El o ella es un abogado, un ayudante, o uno que intercede por otro.

Nosotros los cristianos tenemos más de un abogado. Jesucristo es nuestro Abogado ante el Padre. Luego, tenemos a otro Abogado, un tipo de segundo Abogado en la persona del Espíritu Santo. Por último, tenemos a nuestros hermanos, hermanas y otros miembros de la permanente familia de Dios, la iglesia, para abogar por nosotros.

¡Qué bendecidos somos por tener tantos abogados! Con seguridad usted y yo, que disponemos de la ayuda de tantos, somos llamados a ser paracletos para los pobres e impotentes de nuestro mundo.

El Espíritu Santo también es el superintendente de la iglesia. El equipa a la iglesia con todo el poder sobrenatural que ella necesita para hacer la obra de Dios en el mundo. Richard G. Hutcheson ha escrito un libro muy útil en cuanto a la crisis de administración en la iglesia pluralista. Aunque Hutcheson afirma el valor de administrar por objetivos, el desarrollo organizado y los sistemas de planeamiento, programación y presupuesto, él sostiene que realmente el Espíritu Santo es el director de la iglesia. De hecho, su libro se titula: Wheel Within the Wheel (La Rueda Dentro de la Rueda). Su título fue tomado de un antiguo espiritual de los negros que dice:

Ezequiel vio una rueda
muy arriba en el medio del aire;
una Rueda dentro de una rueda,
muy arriba en el medio del aire.
La rueda grande andaba por fe,
la rueda pequeña andaba por la
gracia de Dios;
una rueda dentro de una rueda
muy arriba en el medio del aire.

Hutcheson sostiene que el Espíritu Santo ¡es la Rueda dentro de la rueda! Aunque existan muchas ruedas de organizaciones, burocracias y sistemas, el Espíritu Santo siempre es la Rueda dentro de todas las otras ruedas. De no ser así, la iglesia se degenera simplemente en una organización social más.

El Poder de una Vida Cambiada

Un segundo recurso disponible para vencer el obstáculo del poder es el poder de una vida cambiada. Cierto hermano se describía a sí mismo como un cristiano regenerado, conocedor de la Biblia, hablador en lenguas, caminador sobre las aguas, lavado en la sangre y temeroso de Dios. ¿Qué le quedó por decir? A pesar de esa retórica inflada y demasiado piadosa, podemos decir algo en cuanto a la realidad de la vida transformada. Los cristianos alguna vez fuimos renacuajos hinchados y gusanos peludos. Ahora, gracias a Dios, somos hermosas mariposas y ranas anfibias. Dios ha cambiado nuestra naturaleza en forma tan radical a través de la conversión que ya no somos más lo que éramos antes (ver Ef. 2:1-10). Lo viejo ha quedado atrás y todas las cosas han sido hechas nuevas.

La sanidad de las naciones comienza con la sanidad de cada uno de nosotros. No podemos ser testigos verosímiles del poder sanador del Gran Médico hasta que no le hayamos permitido que nos sane a nosotros.

La conversión es ese cambio fundamental que obra el Espíritu Santo en la vida de una persona. Es semejante a morirse y ser levantado nuevamente de entre los muertos. Es un nuevo nacimiento que trae consigo una mente nueva, un nuevo

El Obstáculo del Poder

corazón, una nueva naturaleza y un nuevo estilo de vida. Ser convertido es más que un simple unirse a la iglesia. Esta transformación implica un cambio de valores, un cambio de concepto en cuanto al éxito, y un cambio de actitud hacia la felicidad. El profesor William B. Coble, un erudito del Nuevo Testamento, dice: "La verdadera conversión es aquel punto en que uno comienza a alejarse de la manera de pensar y actuar del hombre y empieza a aprender a pensar como Dios piensa. Solo ese tipo de cambio muestra que la conversión es válida; por lo tanto, es una experiencia drástica."

La conversión no es una experiencia emocional que promete dar a la persona más paz y un mayor potencial para seguir persiguiendo las mismas metas antiguas de poder, éxito y riqueza. La conversión bíblica nos transforma al mismo tiempo que nos satisface. Es una metamorfosis iniciada por Dios, la que nos da el poder para transformar nuestro mundo.

En su último discurso en el Senado de los Estados Unidos de Norteamérica, el senador Hubert Humphrey dijo que la prueba moral del gobierno es cómo tratamos a los que están en el amanecer de la vida, nuestros niños; a los que están en el atardecer de la vida, nuestros ancianos; y los que están en las sombras de la vida: los enfermos, los pobres, los necesitados y los incapacitados. ¿No podríamos decir también nosotros que una prueba moral de los que afirman estar bajo el gobierno de Dios es cómo tratan los ciudadanos del Reino a los perdidos que son extranjeros y, a veces, despreciados de la sociedad? La vida que ha sido, y está siendo, cambiada por el poder de Dios está llena con el poder para amar a Dios sobre todas las cosas y al prójimo como a sí mismo.

El Poder del Evangelio

El poder del evangelio también nos capacita para vencer el obstáculo del poder en el testimonio. "La humanidad de hoy está amenazada por la naturaleza humana cruda", dijo Alan Walker, director de Evangelización Mundial del Concilio Metodista Mundial. "A menos que se le pueda dar un pequeño sacudón de poder que cambie y redima profundamente las vidas individuales", continuó Walker, "la humanidad enfrenta un futuro nada promisorio". De acuerdo con el apóstol Pablo, ese poder está en el evangelio. "Porque no me avergüenzo del evangelio, porque es poder de Dios para salvación a todo aquel que cree; al judío primeramente, y también al griego" (Rom. 1:16). Pablo creía que la justicia de Dios se revela por fe y para fe en el evangelio (ver Rom. 1:17).

Los indios aucas de Ecuador mataron a cinco jóvenes misioneros en 1956. Pero no mataron el cristianismo. Muchos se ofrecieron voluntariamente para reemplazarlos. Y el evangelio que ellos proclamaron ha sido el poder de Dios para salvar a los aucas.

Génesis 3:15 ha sido llamado el *protoevangelium*, o el primer evangelio. "Y pondré enemistad... entre tu simiente y la simiente suya; ésta te herirá en la cabeza, y tú le herirás en el calcañar." Si estas palabras representan el conflicto entre Cristo y Satanás del cual Cristo resulta victorioso, entonces son el evangelio anterior a los Evangelios. Sobre todo, ellas muestran el poder del evangelio para destruir la simiente de la serpiente.

Cuando llegamos a sentirnos impotentes frente a la tarea colosal de la evangelización mundial, necesitamos recordar que hay suficiente poder en nuestro evangelio para salvar a todo el que cree. Dios nos ha transferido mediante el testimonio fiel, un poder constructivo que puede liberar al mundo de la esclavitud de todos los poderes de esta edad presente y pasajera.

El Poder de la Oración

Además del poder del Espíritu Santo, el poder de una vida cambiada y el poder del evangelio, debe agregarse el poder de la oración como otro recurso disponible para ayudarnos a romper el obstáculo del poder. Una frase antigua dice:

> Satanás tiembla cuando ve al santo más débil
> de rodillas.

Uno de mis ex alumnos me relató cómo Dios le ayudó con un dilema en su vida. El tenía un trabajo que le disgustaba muchísimo. Era una faena ingrata. Pero tenía que sostener a su familia. La compañía todavía no le había reembolsado parte de lo que había tenido que pagar para encontrar ese empleo.

El Obstáculo del Poder

La vida era muy pesada para él. Había dejado de orar y de ir al templo por varias semanas. Parecía que nada le iba bien. Se la pasaba rezongando en su departamento y, en cierta manera, deseando no haber nacido. Estaba tirado en el sofá sintiendo lástima de sí mismo y quebrándose la cabeza para encontrar la forma de cambiar la situación.

Luego vino a su mente una línea de un cántico evangélico. Hablaba de una persona sin esperanza. El dijo: "Estaba convencido de que me describía a mí perfectamente. Me quedé ahí tirado repitiendo en mi mente esas palabras una y otra vez, y sintiéndome inútil y sin valor."

Pero luego recordó las líneas siguientes del cántico, que hablaban de que Dios se acercaba a tocar su vida. Inmediatamente, como un relámpago, se levantó y pensó: "Qué tonto eres; has estado buscando una respuesta a tu problema por todos lados, y has dejado a Jesucristo completamente fuera de este proceso."

Cuando puso a Cristo en el centro del proceso, comenzó a orar. No pasó mucho tiempo hasta que Dios cambió totalmente su vida y su dilema desapareció.

La Biblia nos dice que Jesús ofreció "ruegos y súplicas con gran clamor y lágrimas" (Heb. 5:7). Para decirlo de otra manera, sus oraciones contenían dolor; sus súplicas contenían lágrimas. "Cuando dejamos de sangrar, dejamos de bendecir", decía J. H. Jowett.

Cada testigo cristiano puede encontrar poder en la oración oportuna y sentida. También podemos obtener poder mediante los compañeros de oración. Cada uno de los que salen a compartir su fe deben tener uno o dos más que le apoyen en oración. Mucho antes de que Evangelismo Explosivo estableciera el sistema de compañeros de oración, A. C. Archibald los usaba y aun les llamaba de ese modo. "A cada equipo de visitación", decía Archibald, "le adjudicamos un compañero de oración que suplica diariamente a Dios por sus compañeros".

Archibald conocía el poder de la oración; James Kennedy y sus compañeros de Evangelismo Explosivo también descubrieron ese poder. Y está disponible para ti y para mí.

El Poder de la Persistencia

La persistencia tiene un poder en sí misma que nos puede ayudar a vencer el obstáculo del poder al compartir la fe. Algunos de nosotros abandonamos demasiado fácilmente a los perdidos y los soltamos demasiado rápidamente. Cierto hombre de setenta y ocho años, a quien Dios ha usado de manera poderosa en su iglesia y su denominación, relata su conversión diciendo que tenía veinte años y resistía mucho todos los esfuerzos evangelizadores. Un día fue a visitarlo un joven granjero con una mente aguda y muy consagrado. Le preguntó directamente: "Cuando toda su familia ya se ha decidido, ¿por qué usted no ha tomado una decisión de ser cristiano?" El comenzó con evasivas, pero el granjero insistió. Consiguió que el testarudo joven le prometiera que, por lo menos, iría a la reunión esa noche. Pero no cumplió su promesa y se fue a otro lado.

El joven granjero estaba a la puerta de la casa del otro joven cuando éste regresó esa noche. Entraron juntos a la casa y subieron a su habitación. Allí hablaron, discutieron y oraron por cinco horas. Por fin, a las tres de la mañana, relató más tarde el caballero: "No pude resistirme más. El hombre no quería abandonar mi alma." Entonces dijo al granjero: "Bueno, me rindo. Estaba equivocado. Acepto a Cristo como mi Salvador."

Por último, este caballero anciano que ha servido al Señor desde aquella larga noche durante más de cincuenta y ocho años, concluyó su historia, diciendo: "Mire, con el tipo de disposición que yo tenía, a menos que Dios hubiera enviado a alguien tan determinado y terco para que me persiguiera, estoy seguro de que nunca hubiera sido cristiano."

Mi experiencia me dice que los testigos laicos son más persistentes en su testimonio que los pastores ordenados y los evangelistas. Un domingo por la tarde fui a hacer una visita evangelizadora junto con un laico. Al entrar en la casa, encontramos que en la cocina había un matrimonio que también había llegado de visita. Mi inclinación era irnos y concertar un momento más conveniente para nuestra visita. Pero el laico no quiso ni pensarlo. Para mi sorpresa, la persona a quien íbamos a

El Obstáculo del Poder

visitar nos recibió muy amablemente. Nos dijo que sus visitas iban y venían constantemente, y que él podía estar con ellos cuando quería. Insistió en que entráramos y compartiéramos con él lo que teníamos en mente. Hay poder verdadero en ese tipo de persistencia fiel.

El Poder del Trabajo Duro

Hay una frase en las Escrituras que dice que cuando Sion estuvo con trabajo de parto dio a luz a sus hijos (Isa. 66:8). Si no hay trabajo significa que no hay nueva vida. El proceso del nuevo nacimiento requiere algo de esfuerzo y dolor. Donde no hay cruz, no hay salvación. "Nunca ha habido una campaña evangelizadora sin sangre", dijo A. C. Archibald. El sabía muy bien que la evangelización era trabajo duro. "Es una tarea tan difícil y pesada que demanda hasta el último gramo de energía consagrada del cristiano", dijo.

Archibald escribió que el trabajo de la evangelización, si ha de ser efectivo, es "una cosa muy perturbadora." Además agregó:

Consume toda nuestra fuerza, nuestro tiempo y nuestra habilidad. Demanda un lugar de supremacía indiscutida en nuestros afectos y devociones, o si no, no va a vivir con nosotros. Por lo tanto, a los seguidores del "culto a la comodidad" no les gusta la evangelización.

Juan Mbiti, un erudito africano de Kenia y Uganda, ha explicado de la siguiente manera el crecimiento de la iglesia en Africa: "La evangelización tiene dos dimensiones: el esfuerzo humano y la superintendencia divina." Hay poder en el esfuerzo humano sincero. Nosotros podemos, con la ayuda de Dios, hacer que el mundo quede cabeza abajo y las vidas se enderecen hacia arriba. Dios nos ha dado poder para resucitar a los muertos —aquellos que están muertos en delitos y pecados. Pero el testificar es demasiado enérgico para las personas haraganas.

Cuando H. Leo Eddleman era pastor, se esforzó mucho por visitar frecuentemente. Cierta tarde durante su pastorado hizo diecisiete visitas. Un ejecutivo de una compañía de seguros se enteró de esto y le invitó a comer. El ejecutivo preguntó a

Eddleman si era verdad que había hecho diecisiete visitas en una tarde. Eddleman respondió: "Sí, pero cinco de ellas no estaban en casa." Inmediatamente, el ejecutivo invitó a Eddleman a unirse a su compañía. Le ofreció el doble del salario que actualmente estaba recibiendo y la promesa de mucho más. El mundo de los negocios ciertamente reconoce el poder del trabajo duro. Si nosotros combinamos nuestros esfuerzos humanos diligentes con la superintendencia divina, podremos vencer el obstáculo del poder.

Es imposible explicar completamente el nacimiento humano, ni tampoco el nacimiento espiritual. Hay un elemento de misterio y milagro en ambos. Nosotros simplemente podemos cooperar con Dios para que se produzcan ambos. Cuando cooperamos con Dios haciendo nuestra parte, tanto en el nacimiento físico como en el espiritual, el resultado es el milagro de una nueva vida.

Conclusión

Dios nos ha dado a los cristianos el poder de "las llaves del reino de los cielos" (ver Mat. 16:19). Puede ser que no seamos capaces de evangelizar a todo el mundo, pero podemos tratar de evangelizar en nuestras esferas de influencia. Podemos hacer nuestra parte en nuestra iglesia y comunidad. Un hombre con un defecto en el habla ganó a más de cien personas en seis reuniones evangelizadoras. Si esa persona incapacitada pudo ser tan eficaz en vencer el obstáculo del poder, ¿cuánto más deberían triunfar aquellos que no tienen tales impedimentos?

"Y a Aquel que es poderoso para hacer todas las cosas mucho más abundantemente de lo que pedimos o entendemos, según el poder que actúa en nosotros, a él sea gloria en la iglesia en Cristo Jesús por todas las edades, por los siglos de los siglos. Amén" (Ef. 3:20, 21).

9
El Obstáculo Teológico

Objeción: "Yo no creo..."

Enseñanza Escritural: *Salmo 138:1-8; Mateo 14:22-36*

Introducción

Llegamos ahora al obstáculo teológico. La objeción empieza diciendo: "Yo no creo...," y se completa con una gran variedad de afirmaciones. Algunos ejemplos de este obstáculo son: "No creo que las personas estén realmente perdidas." "No creo en un infierno real." "No creo que debemos ser agresivos en la evangelización." "No creo que debemos ocuparnos más de esa persona porque ella ha blasfemado al Espíritu Santo." La lista continúa casi indefinidamente. Consideremos de una manera objetiva y cándida algunas de estas objeciones que constituyen un obstáculo teológico para compartir la fe.

Los Perdidos

En primer lugar, consideremos la objeción que dice: "No creo que las personas estén realmente perdidas." El pastor Martin Niemöeller, aquel decidido cristiano que se opuso tan vigorosamente a Hitler, cierta vez resumió su ética cristiana en la pregunta: "¿Qué diría Jesús?" Esta pregunta atrapó su atención por primera vez cuando era un escolar de ocho años. Gran parte de nuestro problema teológico en la evangelización es que nos vemos a nosotros mismos en el sillón del juez, en vez de vernos en el estrado de los testigos.

Jesús fue el que contó las historias de la oveja perdida, la moneda perdida y el pródigo perdido (ver Luc. 15). Las personas que no son ciudadanas del reino de Dios están tan perdidas como la oveja, la moneda y el pródigo. Están en un peligro grande e inminente (ver Luc. 15:3-7). Están incompletas y no pueden cumplir el propósito para el que fueron creadas (ver Luc. 15:8-10). Están separadas del Padre, pervertidas y en un estado de muerte (ver Luc. 15:11-32).

De acuerdo con el Evangelio de Juan, Jesús no vino a condenar al mundo, pero aquellos que no creen en el Hijo ya están condenados (ver Juan 3:16-22). Ahora están bajo la ira de Dios (ver Juan 3:36). Ellos van a morir en sus pecados a menos que crean en Jesús como la luz del mundo (ver Juan 8:24). Los que no creen que Jesús vino del Padre son hijos del diablo (ver Juan 8:44). Jesús mismo dijo: "El que no es conmigo, contra mí es, y el que conmigo no recoge, desparrama" (Mat. 12:30).

Pablo, que conocía tan bien la mente de Cristo, nos dijo que "todos están bajo el poder del pecado" (Rom. 3:9). Los perdidos están en un estado de muerte (ver Ef. 2:1-5). Son, "por naturaleza hijos de ira" (Ef. 2:3), "sin Cristo, sin esperanza y sin Dios en el mundo" (Ef. 2:12). Además, Pablo concluyó que todas las personas no reconciliadas son enemigas de Dios (Rom. 5:10) y están espiritualmente ciegas (2 Cor. 4:3, 4).

Somerset Maugham, en su obra *Of Human Bondage* (De la Esclavitud Humana), escribió acerca de una pareja de ancianos. "Era como si nunca hubieran vivido." En lo que concierne al reino de Dios, puede decirse eso mismo de todos los que nunca reciben el don de la vida eterna.

Lo que hace que el evangelio sea una noticia tan buena es que es lo opuesto a la mala noticia en cuanto al pecado, el juicio y el infierno. El mundo está muy abastecido de caras hermosas, figuras hermosas, peinados hermosos y vestimentas hermosas. Pero hay escasez de pies hermosos (ver Rom. 10:15). El hecho de que usted y yo creamos o no que las personas sin Jesucristo como Señor y Salvador están perdidas, no cambia la realidad de que Jesús dijo que están perdidas.

El Obstáculo Teológico

La Búsqueda y Salvación de los Perdidos

En segundo lugar, muy unida a la objeción de que las personas no están perdidas en realidad, está la creencia de que si lo están, no necesitamos hacer nada para buscarlas y salvarlas. A menudo el que piensa así va a decir: "No creo que haya nada que debamos hacer para buscar o salvar a los perdidos."

En 1946, A. C. Archibald llamó nuestra atención hacia la erosión de la intencionalidad en la evangelización: "El cristiano moderno ha dejado en gran manera de ser un propagandista de su fe. Aun hasta tiene la sospecha de que el intento de cambiar la convicción de otro, en lo que respecta a la religión, puede significar un espíritu de impertinencia."

Sin embargo, la Biblia, desde el Génesis hasta el Apocalipsis, presenta a Dios como un Dios que busca. Génesis nos relata cómo Dios descendió y buscó a Adán, diciendo: "¿Dónde estás tú?" (Gén. 3:9). Después, en el último libro de la Biblia, escuchamos al Señor diciendo: "He aquí, yo estoy a la puerta y llamo; si alguno oye mi voz y abre la puerta, entraré a él, y cenaré con él, y él conmigo" (Apoc. 3:20). El mismo Jesús dijo: "Porque el Hijo del Hombre vino a buscar y a salvar lo que se había perdido" (Luc. 19:10). Si planificamos nuestra evangelización de acuerdo con Jesús, el modelo perfecto de evangelista, y hacemos por los demás lo que Dios ha hecho por nosotros, también vamos a salir a buscar a los perdidos de nuestro mundo para que Dios también los pueda salvar. Es este elemento de "búsqueda" el que tanto necesitamos recuperar en nuestra evangelización.

Buscar para Convertir

En tercer lugar, algunos objetarán además: "No creo que debamos tratar de convencer a las personas de nuestro punto de vista." ¿Se puede imaginar a los marxistas siguiendo esta lógica? Karl Marx dijo en su comentario acerca de Feuerback: "Los filósofos sólo han interpretado el mundo de varias maneras; sin embargo, lo importante es *cambiarlo*." El marxismo ha hecho mucho por cambiar el mundo. Mi opinión personal es que mucho de ese cambio ha sido malo en vez de bueno. Sin embargo, creo que los cristianos haríamos bien en prestar atención a este punto que sostiene Marx. Nuestra misión es cambiar al mundo, darlo vuelta hacia el lado correcto, y no simplemente interpretarlo.

Nosotros los cristianos somos los agentes de cambio de Dios. Nos ocupamos antes que nada del cambio más profundo de todos, lo que la Biblia llama arrepentimiento. Ningún otro cambio es tan revolucionario, tan total ni tan liberador como el arrepentimiento bíblico. El arrepentimiento es una media vuelta completa. Es un cambio desde adentro hacia afuera que busca conformar a la persona a la imagen de Cristo. No es de extrañar que la Biblia enseñe que un cambio así hace a la persona una nueva creación, le da un corazón nuevo y trae consigo un nuevo juego de valores del Reino.

Los verdaderos marxistas no están de acuerdo con la afirmación de que no deben tratar de hacer conversos a su punto de vista. Tampoco lo estarán los musulmanes militantes. En la actualidad, el número de musulmanes es casi igual al número de cristianos nominales en el mundo. Dentro de poco, uno de cada cuatro habitantes del mundo será musulmán. En 1900 la población musulmana se estimaba en 100 millones, comparada con 500 millones de cristianos. En el día de hoy el Islam afirma tener alrededor de 700 millones de adherentes en todo el mundo, comparado con alrededor de un billón de cristianos. Eberhard Troeger, director de Misión Protestante en el Alto Egipto, ha señalado que tanto el ala reformadora como la conservadora del Islam ven a su religión como la gran alternativa al occidente materialista y al oriente ateo.

En los Estados Unidos se está levantando la primera comunidad totalmente musulmana, cerca de Abriquiu en Nuevo México. La meta es que allí se radiquen 600 miembros. La mayoría de ellos son norteamericanos convertidos.

El deseo de ganar conversos para Jesucristo como Señor es intrínseco a la fe cristiana. Karl Rahner ha descrito a las personas devotas de las religiones no-cristianas como "cristianos anónimos." Estoy de acuerdo con la afirmación de John Hick de que esa caracterización "es demasiado evidente que es una maquinación o invención *ad hoc* para satisfacer a muchos. Porque es tan fácil, y tan arbitrario, catalogar a los cristianos devotos como musulmanes anónimos o hindúes anónimos, como lo es catalo-

El Obstáculo Teológico

gar a los hindúes o musulmanes devotos como cristianos anónimos." Tales rótulos pueden resultar nada más que nuevos términos para la antigua herejía del universalismo: la enseñanza de que todas las personas son salvas, sea que reconozcan y confiesen abiertamente a Cristo o no.

El cirujano misionero Don Duvall es un ejemplo del tipo de testigos cristianos que necesitamos para representar a Cristo en nuestro mundo. Duval trabaja con un horario muy ajetreado en el Hospital Bautista de Kedari, Indonesia. El dice que la meta de su trabajo no es practicar la mejor medicina disponible, sino practicarla de tal forma que contribuya a la extensión del evangelio. Este fuerte sentido de misión fue lo que llevó a Duval y a su esposa médica a un país tan lejano, cortando su práctica lucrativa en su estado natal de Kentucky.

Necesitamos tratar de ganar a las personas con la misma actitud que mostró el gran predicador puritano Richard Baxter, cuando dijo:

> Prediqué como si supiera que nunca iba a predicar otra vez,
> Y como si fuera un moribundo predicando a moribundos.

El Infierno

Un cuarto obstáculo teológico que a menudo se usa en contra del testimonio dice algo así: "Yo no creo que el infierno sea real." Una encuesta reciente hecha en Canadá reveló que menos de la mitad de los miembros de la Iglesia Unida de Canadá profesan una creencia inequívoca en Dios. Si los cristianos no creen en Dios no debe sorprendernos que no crean en el infierno. Mi experiencia me ha enseñado que lo que uno cree en cuanto a Dios determina en última instancia lo que cree en cuanto a casi cualquier otra cosa.

Puede ser que usted crea, como los Testigos de Jehová, que el único infierno es la tumba. Alguien dijo: "Creo que el infierno es mi suegra." Pero debo decirle que al final de la vida de cada persona perdida hay un lugar llamado infierno.

Un aforismo favorito de Martin Luther King, hijo, era: "El infierno es cuando Dios te da todo lo que pensabas que querías."

Ciertamente, Dios es misericordioso al no darnos siempre lo que queremos. El sabe lo que necesitamos, mejor que nosotros mismos. De todos modos, la esencia del infierno parece ser la separación de Dios. La historia del rico y Lázaro indica que "una gran sima está puesta" entre el hades y el "seno de Abraham", o entre el lugar donde estaba el rico y el otro lugar donde estaba Lázaro. La separación era permanente, y el rico en el hades no quería que sus cinco hermanos fueran allí. Sin embargo, el lugar de tormento y separación era el lugar donde iban las personas que no querían oír a Moisés y a los profetas (ver Luc. 16:19-31). Yo no creo que Dios envíe personas al infierno. Ellos se mandan allí a sí mismos por su incredulidad y dureza de corazón. Dios nunca dejó de amar al hombre rico. Aun cuando estaba en el hades, Dios lo seguía amando. Advierta que Abraham lo llamó "hijo" (ver Luc. 16:25). Esta es la voz del amor, la voz de un corazón quebrantado. El problema era que el rico no había querido escuchar a Moisés ni a los profetas mientras vivió en la tierra. Y era demasiado tarde para que él empezara a escuchar la ley y los profetas en la vida más allá de la terrenal. No tenemos razón para suponer que aun la muerte misma va a cambiar el carácter y la conducta de los egoístas del mundo, de los cuales el hombre rico era una muestra. Cuando el rico clamó: "Padre Abraham, ten misericordia de mí y envía a Lázaro", él seguía queriendo usar a Lázaro.

"Oír" es una palabra clave en Lucas 16 (ver Luc. 16:31). "Ver" es una palabra clave en la escena de juicio de Mateo 25. Somos juzgados sobre la base de lo que oímos y vemos. El infierno espera a todos los que no quieren oír la Palabra del Señor y que no quieren ver a Cristo en sus hermanos y hermanas necesitados (ver Luc. 16:19-31 y Mat. 25:31-46).

Un caballero a quien conocí tenía un compromiso en cierto lugar llamado Sioux Falls. Su vuelo debía llevarlo allí treinta minutos antes de la hora de su compromiso. Las combinaciones de vuelo fueron excelentes y llegó justo a tiempo. El único problema fue que llegó a otra ciudad llamada Sioux City en vez de llegar a Sioux Falls. No había leído bien su pasaje y había dado por sentado que su secretaria había hecho lo correcto. ¡Qué sorpresa!

El Obstáculo Teológico 91

Muchas personas han creído que iban a cierto lugar y terminaron en otro. Esto fue así con algunas personas en la escena del juicio en Mateo 25. Fue así con el hombre que estaba bancarrota y sin trabajo, cuando dijo: "Hace diez años yo creía que iba a tener el puesto más alto en la empresa." Fue así con la pareja que se acababa de separar, cuando dijo: "Creíamos que íbamos a vivir felices para siempre." No siempre llegamos a donde creemos que estamos yendo. Examine su itinerario cuidadosamente antes de que sea demasiado tarde.

La Necesidad de la Conversión

Algunos cristianos tienen la audacia de decir: "No creo en la necesidad de la conversión." Esta es la quinta objeción en lo que constituye el obstáculo teológico. Las personas necesitan educación. Pero mucho más necesitan la conversión. Una sociedad justa puede venir como resultado del trabajo dedicado de hombres y mujeres justos. La libertad en una sociedad requiere que las personas sean libres desde adentro.

Algunos lugares han experimentado con estaciones de servicio con el sistema de auto-servicio. No hace falta llevar dinero. Se inserta una tarjeta de crédito roja, blanca y azul en la terminal de computadora que se encuentra en el surtidor de gasolina. ¿No es eso lo máximo en auto-servicio? No, lo máximo en auto-servicio es que una persona trate de convertirse a sí misma. Sólo el Hijo de Dios puede liberarnos de la esclavitud del pecado y de todas las otras esclavitudes. "Así que, si el Hijo os libertare, seréis verdaderamente libres" (Juan 8:36). Jesús dijo: "Si no os volvéis y os hacéis como niños, no entraréis en el reino de los cielos" (Mat. 18:3).

La iglesia siempre tiene una responsabilidad evangelizadora incompleta hacia la generación siguiente. Nadie nace siendo cristiano, aun si usted cree en el bautismo infantil como lo hacen varias denominaciones, igualmente necesita creer en la necesidad de la conversión. "El asumir que los niños que nacen dentro del grupo de la iglesia serán buenos cristianos", dice el obispo anglicano Stephen Neill, "es lo que ha reducido grandemente todo nuestro testimonio cristiano."

Margaret Sangster, una gran obrera social, relató una vez la historia de su ministerio en los barrios bajos de una gran ciudad. Ella consiguió que se abriera un gimnasio para que los chicos del barrio fueran después de la escuela. Una tarde entró al gimnasio un muchacho cojeando y ayudándose con muletas. Una de sus piernas se veía muy torcida y completamente dada vuelta. Cuando la señorita Sangster conversó con él, el muchacho le dijo que un camión lo había atropellado. Esta obrera social compasiva hizo que un cirujano ortopédico examinara al muchacho. Aparentemente no había ninguna razón médica por la que no se podía hacer una serie de operaciones que le devolverían la capacidad de caminar normalmente. La señorita Sangster consiguió que los médicos aceptaran realizar la cirugía en forma gratuita. Luego consiguió que el presidente de un banco y algunos de sus amigos pagaran la cuenta del hospital. Los padres del muchacho dieron su consentimiento para la operación.

Se realizaron una serie de operaciones intrincadas. Luego siguieron varias semanas de terapia. Por último, llegó el día cuando el muchacho entró al gimnasio caminando, corrió por la pista y tiró con fuerza la pelota de baloncesto logrando encestarla. Margaret Sangster dijo: "¡Cuando vi correr a ese muchacho, derramé lágrimas de gozo!"

Luego, la señorita Sangster hizo una pausa y se dirigió a la audiencia: "Ese muchacho ahora es un hombre. ¿Y saben lo que está haciendo hoy? No, no está sirviendo como predicador, juez, doctor o educador. Tampoco es un maestro, un granjero o un obrero en una fábrica. Está pagando tres sentencias de cadena perpetua en la penitenciaría, por robo y asesinato."

Luego, con lágrimas corriendo por sus mejillas, Margaret Sangster dijo: "Estaba tan ocupada enseñándole *cómo* caminar, que me olvidé de enseñarle *a dónde* caminar."

Nuestros hijos necesitan convertirse a Cristo. También lo necesita cualquier persona en nuestro planeta. Quienes no creen en la conversión son los que más la necesitan.

El testimonio de quienes aceptaron a Cristo a menudo es contrario a aquellos que dicen que no creen en la necesidad de la conversión. Wei Wen-long, un estudiante de la República Popular de China que se convirtió a Cristo, dijo en su testimonio:

El Obstáculo Teológico 93

Desde que soy cristiano parece como si fuera otro hombre. Mi vida es cada vez más brillante y nueva. Mi corazón está siempre rebosando con un renovado sentimiento de felicidad. Me he vuelto más enérgico y confiado. Todo lo que hago, lo hago con voluntad.

La Blasfemia contra el Espíritu

Algunos cristianos han dicho: "No creo que debemos preocuparnos más por esa persona porque ha blasfemado al Espíritu Santo." Esta es la sexta objeción que presentan algunos testigos bien intencionados.

"El pecado contra el Espíritu Santo es uno de los obstáculos más grandes que enfrenta el ganador de almas", escribió Herschel H. Hobbs. "Cuando piensa que ha cometido ese pecado, la persona trata de no creer en Jesús. Pero ese sentimiento es una prueba de que no ha pecado de esa manera. Porque su conciencia de pecado prueba que el Espíritu Santo continúa luchando con él."

Ahora, si al obstáculo mencionado por Hobbs le agregamos la barrera que existe en el testigo mismo, nos encontramos con un enemigo formidable al deseo de alcanzar a esas personas. Yo tengo serias dudas en cuanto a que nosotros debamos suponer que alguna persona es culpable del pecado imperdonable. ¿Quiénes somos nosotros para emitir tremendo juicio? ¿Hemos pesado las consecuencias de tal suposición?

Creo que la blasfemia contra el Espíritu Santo consiste en atribuir al diablo la obra de Dios y a Dios la obra del diablo (ver Mar. 3:28-30). Este pecado no tiene perdón porque los que lo cometen no piensan que han pecado ni que necesitan perdón. También deberíamos en este punto hacer una gran concesión hacia la posibilidad de una enfermedad mental. Hasta este momento en mi vida, que yo sepa, nunca encontré a una persona que hubiera cometido este pecado. ¿Y usted?

Una Falsa Doctrina de la Elección

Hay una séptima objeción presentada por quienes dicen: "Yo creo que ciertas personas están predestinadas para el cielo y otras están predestinadas para el infierno, y no hay nada que podamos hacer al respecto."

Algunos interpretan erróneamente la doctrina de la elección como si significara que el Dios soberano eligió a algunos para que se salven mientras todos los demás fueron elegidos para que se pierdan. Tal actitud coloca un énfasis excesivo en la voluntad soberana de Dios al punto de dejar de lado la voluntad libre de las personas. Minimiza la justicia y el amor de Dios mientras que magnifica su voluntad y poder. El resultado es una actitud de fatalismo.

"Esta actitud es devastadora en lo que respecta a la evangelización", dice Herschel H. Hobbs. "Si algunos son elegidos para salvación y otros son elegidos para condenación, sin considerar la libre elección del hombre, ¿entonces para qué tratar de evangelizarlos?" Además, ¿por qué deben las personas preocuparse por su propia salvación, si ya ha sido determinada por Dios?

Se dice que el evangelista Dwight L. Moody expresó a los que tenían temor de ofender a Dios con su doctrina de la responsabilidad del hombre por su propia salvación: "Predique el evangelio a todos; y si se convierte alguien que no era elegido, Dios lo va a perdonar." Yo recomiendo este consejo a todos los que se estancan en la predestinación "de doble filo."

Conclusión

Un pastor sugirió que la haraganería eclesiástica es una amenaza más grande para nosotros los cristianos que el liberalismo teológico. Sospecho que esto es verdad en muchas iglesias.

Cierta vez escuché a Randall Lolley, rector del Seminario Bautista del Sudeste de los Estados Unidos, contar la historia de un estanciero de Texas que compró diez estancias y las puso todas juntas en una gran extensión de campo. Alguien le preguntó cuál era el nombre de esa nueva estancia que había formado. El texano respondió: —Círculo Q, Arroyo Sonoro, Barrote Doble, Círculo Roto, Arroyo Quebrado, Herradura Dorada, Ensueño, Flecha Partida, Las Golondrinas, Amanecer.

—¡Oh! —dijo el interpelador—. Me imagino que tendrá muchísimo ganado.

El Obstáculo Teológico

—No —dijo el texano.
—¿Por qué no?
—Casi ninguno sobrevive al hierro de marcar —explicó el estanciero. Podemos quedarnos tan trabados poniendo marcas de hierro sobre nosotros mismos y los demás en cuanto a lo que creemos y lo que debemos creer, que los no creyentes van a perecer en sus pecados mientras nosotros nos matamos y los matamos a ellos con nuestro teológico hierro de marcar. Kierkegaard habló de "la enfermedad hasta la muerte". Yo no sé si este obstáculo teológico es la enfermedad hasta la muerte, pero sí sé que tiene algunas consecuencias que pueden ser fatales. Karl Barth puede haber estado en lo cierto con su afirmación famosa: "Religión es incredulidad."

Y, sin embargo, debemos admitir que algunos cristianos están trabados por lo poco que pueden creer y seguir llamándose cristianos. Yo creo que hay ciertas convicciones teológicas que nos ayudarán a ser eficaces en nuestro testimonio. Un pastor de mucho éxito, que ha capacitado a evangelistas laicos por treinta y cinco años, dijo que hay cinco elementos básicos que uno debe hacer suyos si quiere ser un buen evangelista:

- Todas las personas necesitan un salvador, y ese Salvador está aquí en medio nuestro.
- La principal agencia de Dios para alcanzar a las personas perdidas son otras personas.
- Siempre podemos tener en cuenta que Dios, el Espíritu Santo, está trabajando cuando nosotros trabajamos. La tarea es suya antes que nuestra.
- Nuestro equipo principal para influir en los perdidos no es nuestro talento e influencia, sino nuestro espíritu de verdadero interés.
- Siempre hay algunos perdidos que están listos a responder a nuestra invitación. Han sido preparados por el Espíritu de Dios y están esperando nuestra llegada. Eso nunca falla.

10
El Obstáculo del Desconocido

Objeción: "No se puede testificar ante el desconocido."

Enseñanza Escritural: *Rut 1:15-18; Hechos 8:26-40*

Introducción

Usted no es ajeno al obstáculo del desconocido si alguna vez oyó a un cristiano decir: "No se puede testificar ante el desconocido." Algunas variantes a esta objeción pueden ser: "No lo conozco lo suficiente como para hablarle de Cristo." "El testimonio es un asunto demasiado personal como para compartirlo con personas a quienes casi no conocemos." "Apenas conozco a ese individuo, ¿y usted está queriendo que yo le haga ver las demandas de Dios para su vida?"

Reducción de la Brecha hacia la Credibilidad

Una respuesta preliminar a esta objeción es un acuerdo parcial. Es más difícil testificar a personas totalmente desconocidas que a personas con quienes tenemos relaciones significativas. La evangelización relacional es la mejor. La evangelización basada en la amistad es superior a la evangelización "en frío".

Antes que algunos quieran escucharnos en cuanto a algo tan personal como la fe en Cristo, puede ser que tengamos que ganarnos el derecho a que lo hagan. Esto me tocó muy de cerca en 1981. Estaba en cierta ciudad dirigiendo una serie de estudios

El Obstáculo del Desconocido

bíblicos en un congreso de evangelización. Durante el segundo día, uno de los pastores me dijo: "Usted estableció un nivel de credibilidad conmigo ayer cuando compartió su testimonio." Continuó observando: "No me gusta que me anden gritando y me hagan sentir más culpable de lo que ya me siento, cuando vengo a reuniones como ésta."

Mi conversación con este pastor había ocurrido inmediatamente después del tercero de cuatro mensajes poderosos por uno de los predicadores más conocidos del momento. Sin embargo, el joven pastor me dijo con mucho sentimiento: "El doctor Fulano recien pudo establecer su credibilidad conmigo. Hasta hace unos pocos minutos yo no entendía su objetivo."

Credibilidad: ¡qué importante es en un predicador, un testigo, un líder! Algunas personas nunca nos van a escuchar, o nunca van a creernos hasta que establezcamos nuestra credibilidad con ellos. Esto puede ser sólo otra forma de decir que tenemos que ganar el derecho a que se nos escuche. Quizá haríamos bien en reflexionar sobre cómo podemos reducir más rápidamente la brecha hacia la credibilidad en nuestra predicación, nuestra enseñanza y nuestro testimonio.

Por lo tanto, hay algo de verdad en la objeción: "No se puede testificar a alguien totalmente desconocido." Pero puede hacerse amigo de alguien totalmente desconocido, ganar su confianza y luego compartir con él el tesoro más precioso que usted tiene: su fe. Wanda Barker, por ejemplo, conoció a Diana Edwards en un curso de dinámica grupal en la universidad. Eran desconocidas entre sí. Barker era una abuela de cincuenta años y Edwards era una joven de veinte años, con cabello obscuro y ojos refulgentes. Barker era una cristiana cálida y amable. Edwards era una mezcla de agnóstica y atea.

A estas dos compañeras se les asignó el mismo grupo para que aprendieran a ser abiertas y a guiar un grupo pequeño. Alguien en el grupo preguntó a Barker cómo se las arreglaba para tener esa actitud amistosa todo el tiempo. Algo tímidamente, respondió: "Quizá no les interese, pero es porque yo tengo a Jesucristo." Luego continuó compartiendo su testimonio.

Esto le disgustó a Edwards. Sin embargo, a pesar de las diferencias de edad y de creencias, las dos se hicieron muy amigas. Edwards acompañó a Barker en algunas consultas de renovación, ostensiblemente para ver las capacidades de líder de Barker. Barker empezó a invitar a Edwards a cenar en su casa y al templo donde participaba en una clase de la escuela dominical para universitarios. Pero fueron las cenas y las conversaciones de sobremesa lo que más la acercaron a Edwards.

A veces, Barker decía: "Pasemos a la sala para sentarnos y conversar." Muchas veces Edwards terminó pasando la noche allí. Barker la trataba como a un miembro de la familia. Ellas conversaron sobre las razones de Edwards para rechazar a Cristo. Después de varios meses de amistad con Barker, Edwards aceptó a Cristo como su Señor y Salvador. Creo que este es un ejemplo hermoso de cómo un testigo fiel puede vencer el obstáculo de testificar a un desconocido. De hecho, Barker no sólo ganó a alguien que era totalmente extraña al principio; también superó la brecha de la diferencia de edades de una manera formidable.

Por lo tanto, algunas formas de ganar a desconocidos son: decirles quiénes somos en relación con Cristo, ser amigables hacia ellos, practicar la hospitalidad, invitarlos a nuestras iglesias y hogares, y entrar libremente en una conversación franca con ellos. El obstáculo de ser extraños se puede vencer muchas veces mediante una amistad genuina y la práctica de la hospitalidad cristiana.

Gentes Solitarias

Si queremos vencer el obstáculo de la gente desconocida, puede ayudarnos el recordar cuán solas están muchas personas en nuestra sociedad. Una quinta parte de la población de los Estados Unidos vive sola. Por supuesto, esto no significa automáticamente que sean solitarios. Pero un estudio reveló que, sin considerar la edad, las personas relativamente aisladas tienen un índice de mortandad 2.5 veces superior a las personas con fuertes lazos sociales. Con esto último, los investigadores se refieren a una combinación de afiliaciones de matrimonio, amigos, iglesia y clubes informales. Tanto como un 85 por ciento de los hombres dijo que no tenían amigos íntimos. Además, los temores de la homosexualidad y el lesbianismo aparentemente inhiben las amistades íntimas en esta cultura.

El Obstáculo del Desconocido

¿Sabe usted lo desesperadas que se encuentran ciertas personas por hablar con alguien que les escuche? Tan desesperadas que un operario de máquinas llamado Al ha establecido un centro de conversación en un callejón obscuro de una gran ciudad. El centro se llama "Hablemos" y está dirigido por el mismo Al y dos mujeres que trabajan a comisión. Por 15 dólares, Al o una de sus ayudantes escucha a cualquiera, de cualquier cosa, por treinta minutos. Si no le alcanza con media hora, usted puede adquirir una hora por 25 dólares.

"Hablemos" no es una farsa. Tienen un promedio de dos clientes por día. Quizá, algún día, Al va a patentar sus centros de conversación. Esto puede ser una versión real de la novela de Taylor Caldwell *The Listener* (El que Escucha).

Un martes por la noche, en 1982, salí con un equipo de visitación formado por dos mujeres para visitar a una joven madre que había visitado nuestro templo el domingo anterior por la noche. Vivía en una casita a una corta distancia del templo. Tuvimos cierta dificultad para ubicarla, pero cuando la encontramos nos recibió amablemente y nos presentó a su hija de cuatro años. Esta hermosa mujer era divorciada. Estimo que tendría unos veinticinco años. Vivía sola con su hija, no tenía familiares cerca, estaba sin trabajo y no tenía una red de amigos que la apoyaran en esta nueva comunidad. Varias veces nos expresó cuán sola se sentía y cuán agradecida estaba por nuestra visita.

Nosotros los cristianos, que una vez éramos extraños a Dios y al pueblo de Dios, debemos conocer más que cualquier persona del mundo la importancia de dar la bienvenida a los desconocidos, visitar a los que están solos, y escuchar las voces de los solitarios. ¿Acaso no ha dicho Dios: "No os olvidéis de la hospitalidad, porque por ella algunos, sin saberlo, hospedaron ángeles?" (Heb. 13:2)

Extraños sobre la Tierra

La primera epístola de Pedro está dirigida a algunos "expatriados" (ver 1 Ped. 1:1). Uno de nuestros problemas al testificar puede ser que pensemos de nosotros mismos como extraños dispersos sobre la tierra. Si nos consideramos desconocidos en cualquier lugar donde estemos, esto puede ser un impedimento para el testimonio en, por lo menos, tres aspectos. El Nuevo Testamento dice que los cristianos son seguidores de "el Camino" (ver Hech. 9:2). Los que siguen a Cristo son esencialmente viajeros. Somos gente peregrina. Este mundo no es nuestro hogar permanente. Podemos quedar tan atrapados en la idea de irnos al cielo que podemos olvidar a los que no han sido regenerados. Este es un aspecto en el que la idea de ser extraños dispersos puede torcerse para que sea un impedimento al testimonio.

Un sentido falso de lugar y una ilusión en cuanto al tiempo son otros dos aspectos de esta idea de ser extraños que impide a algunos dar un testimonio activo y agresivo de Jesucristo dondequiera que se encuentren. Como el Israel de la antigüedad cuando estaba cautivo en Babilonia, nosotros lloramos: "¿Cómo cantaremos cántico de Jehová en tierra de extraños?" (Sal. 137:4). Tenemos la tendencia a pensar que no podemos dar testimonio, excepto cuando estamos "en casa" o hasta que no hayamos terminado nuestra tarea momentánea, cualquiera que esta sea.

Algunos gastamos tanto tiempo y energías viviendo donde no estamos que no nos damos cuenta de las bendiciones de Dios donde estamos. Nos resulta difícil romper los lazos con el hogar y los sentimientos, aun por unos pocos días. ¿Recuerda usted haber hablado durante días sólo del tema de viajar a otro lado? A veces uno quiere irse a un lugar donde no haya teléfonos, donde solo haya paz y tranquilidad para unas vacaciones descansadas. Luego, el primer día de esa vacación, uno se lo pasa buscando cambio para comprar el periódico de la ciudad de donde salió.

Carlyle Marney dijo: "Gran parte de la vida se pasa en el mientras tanto." La mayoría de nosotros es gente que espera. Casi todos están esperando algo. Jeremías nos dijo cómo vivir en el mientras tanto. El nos aconsejó a vivir donde estamos (ver Jer. 29:5, 6). Tenemos que darnos cuenta de que la vida está compuesta de pequeñas partes. Además, debemos vivir el mientras tanto buscando el bienestar de la ciudad donde Dios nos ha puesto (ver Jer. 29:7).

Las guerras, la tecnología, la economía, la política, el hambre y otros desastres naturales han hecho de nosotros unos exiliados permanentes, tanto a cristianos como a no cristianos. Si nosotros postergamos el cantar la canción del Señor hasta que volvamos a estar en algún lugar conocido o en algún tiempo del pasado, nunca vamos a vencer el obstáculo de sentirnos extraños en lo que respecta a la evangelización mundial.

Hay cierto árbol en los Andes que crece más arriba de la "línea normal" de los árboles. Ese árbol es el eucalipto, con su corteza tosca, descascarada y multicolor. Pueden encontrarse eucaliptos hasta de una altura de 3500 metros. Generalmente crecen juntos, agrupados unos con otros, para sostenerse y protegerse mutuamente. Originariamente fueron importados de Australia.

Alguno puede pensar que no va a poder sobrevivir, y menos aún desarrollarse, en un ambiente extraño. Sin embargo, Dios puede sorprenderle permitiéndole desarrollar raíces en lugares insospechados. Usted puede hacerlo, especialmente si se agrupa junto a otros cristianos para poder sostenerse y resguardarse unos a otros.

Constancia en la Proclamación

La persistencia en proclamar el evangelio por parte de los cristianos hacia los que son completamente desconocidos, produce nuevos creyentes para Cristo y su iglesia. John F. Havlik, un norteamericano cuyos padres inmigraron a los Estados Unidos provenientes del imperio Austro-Húngaro, relató cómo su familia debió cambiarse, durante la Gran Depresión, del estado de Wisconsin al de Oklahoma. Havlik, sus hermanas y sus padres eran católicos nominales.

Mediante el ministerio de amor y cuidado de los bautistas del sur de los Estados Unidos, Havlik y sus hermanas se entregaron a Cristo y se hicieron bautistas. Sin embargo, cuando algún bautista visitaba el hogar de la familia Havlik, la mamá de Juan decía: "Nosotros somos católicos" o "Nosotros somos luteranos" (dependiendo de lo que ella pensaba que asustaría más a las visitas). Esos bautistas no se asustaron. Siguieron visitando el hogar aun cuando muchas veces les dieron con la puerta en las narices. Ellos preguntaban: "¿Alguna vez van ustedes al templo?" Luego preguntaban: "¿Han aceptado a

Cristo?" La constancia de estas preguntas finalmente llevó a tres personas al reino de Dios.

La novela histórica de Eugene Skelton sobre Shubael Stearns y los Bautistas Separados presenta a Jeremiah Boatwright diciendo a Nancy Kitrell mucho antes de su conversión: Casi todos con quienes hablo quieren hablar acerca de él [Shubael Stearns]. Me echan en la cárcel y el carcelero habla sobre la Nueva Luz. Miro hacia afuera por mi ventana y escucho a uno de ellos cantar su experiencia tras una aparición. Conozco a su tío John y él me pasa a su amigo Ben Merrill quien no puede esperar para mostrarme el camino hacia el Centro de Reuniones Nueva Luz. Alguien me apunta con un revólver y me habla de las reuniones bautistas. Ofrezco a un curtidor un lugar para vivir y descubro que tiene que irse a escuchar predicar a Stearns. Y cuando viajo con la muchacha más linda de toda la región, ella me cuenta que va a las reuniones.

Este es el tipo de presencia y proclamación del evangelio que permitió que Shubael Stearns bautizara a unos ochocientos convertidos durante su primer año como pastor de la Iglesia Bautista Sandy Creek y que tuviera un número de más de seiscientos al final del segundo año.

Nuestro testimonio diario puede ocurrir en cualquier lugar: la oficina, la calle, el campo de golf, la cancha de tenis, en todas partes. Puede suceder a alguien de cierto estado, como Jeremiah Boatwright, mientras está en exilio en otro estado. Y puede realizarse por un cristiano, como Jeremiah Boatwright, mientras viaja y recorre cualquier parte de esta buena tierra de Dios.

Se necesitan tanto la saturación como la confrontación para atraer a la gente a Jesús. La saturación sin confrontación es incompleta. Del mismo modo, la confrontación sin saturación también es incompleta.

Disponibilidad a Dios

Nuestra disposición a ser usados por Dios puede ser el ingrediente que falta al confrontar a algún desconocido con la gracia salvadora de Dios en Cristo. Considere la disposición de

El Obstáculo del Desconocido

Felipe cuando testificó a un extraño en el camino de Jerusalén a Gaza (ver Hech. 8:26-40). Felipe seguramente no conocía al etíope. Yo supongo que el ángel del Señor guió a Felipe a este encuentro evangelizador en respuesta a las oraciones de alguien. No hay nada que esté fuera del alcance de la oración, excepto lo que está fuera de la voluntad de Dios. El Espíritu Santo, que supervisa todos los testimonios, le dijo a Felipe: "Acércate y júntate a ese carro" (Hech. 8:29).

Note que cuando Felipe se puso a la disposición del Señor, Dios puso a Felipe a la disposición de un extraño en el camino desierto. El proveyó la oportunidad, el creyente en perspectiva y el pasaje de la Escritura que Felipe usó para guiar a este extraño al Reino. ¿Acaso no podemos concluir nosotros que cuando los testigos voluntarios se ponen a la disposición de Dios para que él los use, él, a su vez, les pone a su disposición todo lo que necesitan para una evangelización efectiva?

Laura Fry Allen ha compartido con nosotros uno de los ejemplos más llamativos que he escuchado en cuanto a cómo Dios usó a una dama cristiana para guiar al Señor a alguien que se dedicaba a hacer llamadas obscenas por teléfono. Georgiana había sido cristiana por unos cinco años. Estaba tratando de hacerse disponible para ser usada en experiencias de testimonio. En ese día inolvidable, tuvo que salir de su trabajo para ir por su hijo enfermo a la escuela y llevarlo a casa.

Cuando llegó a su casa, Georgiana dijo al Señor: "Señor, estoy disponible. Si tú quieres que hable con alguien que tú traes a mi puerta, o por teléfono, estoy disponible." Por eso, cuando diez minutos después sonó el teléfono, ella estaba preparada para compartir su testimonio de Cristo. Imagine su sorpresa cuando se dio cuenta de que al otro extremo de la línea alguien le estaba haciendo una llamada obscena. El hombre continuó hablándole, diciendo algunas cosas indecentes y haciéndole ciertas preguntas.

En vez de colgar el teléfono, Georgiana dijo:
—Usted me hizo algunas preguntas, ¿puedo preguntarle yo algo?
—Por supuesto, señora —fue la respuesta.

Entonces ella dijo: —Es obvio que usted está buscando cierto tipo de amor, ¿verdad?
El respondió:
—Bueno, puede decirse que sí.
—Bien —dijo Georgiana, —yo le puedo presentar a alguien que puede amarle en una forma que usted nunca conoció.
El hombre dijo:
—Señora, ¿de qué me está hablando?
En ese momento, este testigo dispuesto comenzó a hablar de Cristo con el hombre por teléfono. El escuchó con atención, pero no podía creer lo que estaba oyendo. Por último, él dijo:
—Señora, ¿hay otras personas como usted en el mundo?
Georgiana dijo alegremente:
—Sí, en la esquina de la calle 28 y Sheridan hay toda una iglesia llena de nosotros.
—Me gustaría conocer a un grupo como ese —dijo él.
Georgiana se comprometió a esperarlo junto con su esposo en la entrada del templo el domingo siguiente diez minutos antes de la hora de la reunión. Más tarde, el hombre dijo que nunca antes había escuchado el evangelio. Después de tres semanas de asistir regularmente al templo, nació un nuevo ciudadano al reino de Dios.

En la actualidad ese hombre que hacía llamadas obscenas por teléfono, es uno de los diáconos y líderes de la iglesia. Cuando comparte su testimonio él no habla mucho de su pasado. Prefiere quedarse con lo que Cristo significa para él ahora. Georgiana tenía todo el derecho de no hablar con ese desconocido que decía obscenidades. En vez de eso, ella hizo que él tuviera nueva vida en Cristo (ver Luc. 5:10).

Los Que Provocan el Cambio

Debemos estar dispuestos a comenzar con los desconocidos dondequiera que éstos se encuentren. Algunos estarán muy lejos de Dios mientras que otros estarán junto a las puertas del Reino. Leighton Ford ve al evangelista como la persona que provoca el cambio. Mediante la sabiduría de Dios y la iluminación de su Espíritu tenemos que, a tiempo y fuera de tiempo, buscar

El Obstáculo del Desconocido

provocar el cambio que haga volver a los perdidos al sendero de luz.

Cierto joven subió a un tren subterráneo en la ciudad de Nueva York. En el coche al que entró había un grupo de líderes de una misión bautista. Era una noche fría y los líderes estaban cubiertos con sus abrigos. El joven tenía los pies descalzos, arañados y lastimados por el pavimento, y le faltaba un dedo. Impulsivamente, uno de los líderes de la misión se sentó junto al joven, se quitó sus zapatos y sus medias, y se los dio al joven. Más tarde, otro de los líderes dijo que ese había sido "el sermón más poderoso que había visto ese año."

Yo diría que el director de la misión estaba tratando de provocar el cambio que iluminara, diera calor y capturara la vida de ese joven. Llegó hasta el punto de dar sus propios zapatos y medias a alguien completamente desconocido. El amor *agape* nos guía a hacer algunas cosas raras. Es amor en acción. A veces actúa espontánea e impulsivamente hacia los desconocidos como ése.

Carl Nelson tenía sólo cinco años cuando empezó a odiar a la gente blanca. Sin darse cuenta se metió en una piscina pública ocupada por un niño blanco. Esto sucedió en Mississippi en la década de los años 1950. La madre del niño blanco llamó a otro de sus hijos, uno más grande, para que le pegara a Carl. Veintidós años más tarde, Nelson recuerda: "Fue allí que empecé a odiar tanto a los blancos como a Dios. ¿Cómo pudo Dios permitir que ese muchacho me golpeara?"

Nelson siguió odiando a los blancos hasta que, a la edad de diecisiete años, se entregó a Cristo. Le impactó escuchar a un predicador que relataba cómo golpearon y persiguieron a Jesús y, sin embargo, él oró: "Padre, perdónalos." Ese predicador provocó el cambio. Eso hizo que quisiera leer más sobre Jesús. Lo llevó a la Biblia. Actualmente, Carl Nelson está predicando el evangelio y asistiendo a un seminario. Siente que el Señor le está guiando a predicar el evangelio a los pobres y a los "menospreciados" en los *ghettos* tanto blancos como negros. Dios le ha mostrado que no hay un evangelio separado para blancos y negros.

Todo lo que se requiere para llevar a un desconocido a Dios

es un testigo amante que esté dispuesto a provocar el cambio para ese individuo. Para algunos esa llave de cambio tienen que ser obras de amor, de misericordia y de justicia, junto con las palabras. Para otros, será suficiente el modelo perfecto de Jesús. Cualquiera sea la llave que tratemos de usar, necesitamos recordar que no usamos la "lengua eclesiástica" para comunicarnos con el mundo. Con ellos usamos "el idioma del mundo". Es decir, no podemos comunicarnos con los desconocidos en un idioma extraño para ellos.

El Uso del Humor

¿Me permiten atreverme a sugerir que muchas veces el humor es un idioma común para los desconocidos? Los políticos lo usan todo el tiempo. ¿Por qué el testigo cristiano no puede aprender de ellos?

El senador norteamericano Sam J. Ervin usó el humor con mucha eficacia en su carrera política. Este senador cree que la mejor contribución del humor es percibir la sabiduría y comunicarla en forma risueña que atrae la atención. El considera que el humor es la única evidencia convincente de que la humanidad tiene superioridad sobre las otras criaturas de la tierra. Aparentemente, excepto por la llamada hiena riente, el Creador negó a todas las otras criaturas la capacidad de reírse.

Una cosa que Ervin descubrió en cuanto al humor es que las personas no premeditan ser chistosas. El descubrió que normalmente el humor es espontáneo. Por ejemplo, un cliente visitó su oficina de abogado y pidió el divorcio porque su esposa hablaba mucho. Cuando el senador le preguntó de qué hablaba la esposa, él respondió: "Ella no lo dice."

Uno de los contemporáneos de Sam P. Jones se refirió a éste como "un fuego encendido de diversión". Este testigo, que fue el sucesor de Jones en su primer circuito, dijo: "Cada hombre, mujer o niño era el objeto de su humor. El veía algo ridículo en cada situación. Desde el momento en que entraba a una casa hasta cuando salía, toda la casa era una carcajada constante. Nadie podía escapar a los agudos chispazos de su ingenio."

Aparentemente, Jesús usó el humor cuando habló con la mujer sirofenicia (ver Mar. 7:24-30). Ella era una desconocida

El Obstáculo del Desconocido

para él; sin embargo, él usó bromas con ella. La frase de Pablo: "Sea vuestra palabra siempre con gracia, sazonada con sal" (Col. 4:6) también puede ser una referencia al uso del buen humor al testificar. Estoy de acuerdo con la persona que dijo: "Dios debe tener mucho sentido del humor porque me invitó a mí a servirle." Un sentido de humor sano seguramente nos ayudará a comunicar el evangelio a los desconocidos.

Conclusión

Comenzamos a mirar el obstáculo de sentirse extraño leyendo el libro de Rut. Rut no sólo era extraña para Noemí al principio; ella era moabita. ¿Por qué Rut adoptó el Dios de su suegra? ¿Puede haber sido debido al estilo de vida piadosa de Noemí? A veces podemos vencer el obstáculo del desconocido mediante nuestro estilo de vida cristiano.

Quedan, por lo menos, dos cosas por decir en cuanto a eliminar esta objeción. La primera es que podemos afirmar con confianza que es posible ganar para Cristo a un desconocido. También es posible que los siervos de Dios sirvan a personas totalmente extrañas de generaciones futuras. Podemos hacer esto mediante nuestra influencia sobre nuestros hijos, los hijos de nuestros hijos, y los hijos y nietos de nuestros amigos. Podemos servir a las generaciones futuras mediante nuestra mayordomía fiel de recursos agotables. También podemos servir a las generaciones futuras mediante nuestras obras de arte y literatura. Y quizá, sobre todo, podemos influir sobre los desconocidos del futuro compartiendo fielmente el evangelio hoy.

La segunda cosa es repetir lo que dijeron Jesús y Pablo: "Otros labraron, y vosotros habéis entrado en sus labores" (Juan 4:38). Uno planta, otro riega, pero Dios da el crecimiento (ver 1 Cor. 3:5-9). ¡Dios también tiene otros agentes trabajando para él! Puede ser que usted no sea el *único* (probablemente ni aun el primero) testigo que enseñe a este cristiano en perspectiva algo acerca de Dios. No se autojustifique tanto como para creer como Elías que usted es el único fiel que queda. Dios todavía tiene sus "siete mil" que no han doblado su rodilla ante Baal.

11
El Obstáculo de la Edad

Objeción: "Soy demasiado anciano."

Enseñanza Escritural: *Deuteronomio 34:7; Tito 2:2-6*

Introducción

Clara recibió a Cristo cuando tenía ocho años. Ella estaba en la sala de su casa. Su hermana mayor estaba jugando y cantando: "Objeto de Mi Fe." Inmediatamente, Clara se levantó y corrió a contárselo a su mamá. En ese entonces ella no sabía que tenía que compartir su fe; pero lo hizo espontáneamente. Más tarde, Clara descubrió que debía compartir su fe. Tenía dieciocho años cuando comenzó a hacerlo intencionalmente. Ahora tiene casi ochenta años de edad, pero sigue mirando a los ojos de la gente y hablándoles de Jesús.

Sin embargo, cuando se les pide a algunos cristianos que compartan su fe, ellos dicen: "Soy demasiado anciano." Hay algunos que, aparentemente, creen que en cierto momento los ciudadanos mayores del reino de Dios llegan a ser demasiado viejos para propagar la fe cristiana.

Siendo Demasiado Joven

He escuchado más a menudo la objeción de ser demasiado viejo que la de ser demasiado joven. El obstáculo de la edad no hace acepción de personas. Se aplica tanto a los ancianos como

El Obstáculo de la Edad

a los jóvenes. Esta puede ser una falla manifiesta en esta objeción. Los que dicen: "Soy demasiado anciano" no presentan una objeción más válida que los que dicen: "Soy demasiado joven."

El renombrado Jonathan Edwards, con quien comenzó el Gran Avivamiento en Norteamérica, relató con mucho detalle como Phebe Bartlet, de cuatro años, fue conducida a Cristo por el testimonio de su hermano de once años. Luego, este pastor reposado y maduro describió cómo la pequeña Phebe testificó continuamente a sus hermanas mayores.

No tengo dudas de que con este ejemplo Edwards pretendía ilustrar el tipo de sentimientos religiosos cariñosos que produjo el avivamiento en Norteamérica. Edwards dedicó mucho tiempo a mostrar que los niños eran capaces de tener sentimientos espirituales fuertes, y también eran capaces de llevar un testimonio cristiano sensato a otros.

Mi suposición es que, ya que no hay un ejemplo comparable de alguien muy anciano que se salve y lleve testimonio a los incrédulos en la obra de Edwards *Faithful Narrative*, los norteamericanos del siglo dieciocho usaron con más frecuencia la objeción "soy demasiado joven" que la de "soy demasiado anciano". En el día de hoy, en esta última parte del siglo veinte, la situación es exactamente opuesta.

Hay muy poca duda de que en Norteamérica se salvan más personas cuando son jóvenes que cuando son viejas. Cierto pastor, por ejemplo, hizo una encuesta entre 253 creyentes para determinar qué grupo era más receptivo al evangelio. Esto es lo que encontró:

Menos de 20 años	138 fueron salvos
Entre 20 y 30 años	85 fueron salvos
Entre 30 y 40 años	22 fueron salvos
Entre 40 y 50 años	4 fueron salvos
Entre 50 y 60 años	3 fueron salvos
Entre 60 y 70 años	1 fue salvo.

De todas maneras, no se deduce automáticamente que las personas ancianas no pueden ser salvas. Y más importante aún, no hay nada en las estadísticas que indique que las personas de más edad no pueden conducir a otros a la fe en Cristo.

Ejemplos Modernos

Por el contrario, considere varios ejemplos modernos de personas de mayor edad que siguieron siendo o llegaron a ser activos en la evangelización. C. E. Autrey, ex director de evangelización de los Bautistas del Sur de Norteamérica, a los sesenta y cinco años sigue testificando incansablemente de Cristo en su ciudad. Es pastor de una iglesia, dirige el Centro del Seminario, trabaja con la unión estudiantil y enseña en una universidad. Cada mes, Autrey alcanza a realizar un promedio de 400 visitas o contactos para la iglesia. No le agrada que lo presenten como el ex director de evangelismo ni ningún otro ex. "Quiero decir lo que estoy haciendo *ahora*", dijo Autrey. "No estoy en un estante, juntando polvo. Puedo estar sacudiendo algo de polvo."

Gonzálo Báez-Camargo, a quien la revista *Christianity Today* llamó "el gran veterano de la evangelización en México", dijo cuando tenía ochenta y un años de edad: "Mi día dura generalmente desde las 7 u 8 de la mañana hasta las 9 de la noche... Si uno está activo se siente útil. Le da el sentido de no haber sido dejado de lado. Ese sentimiento mata a la gente. Es una condición opresiva que acorta la vida."

D. A. McGavran, el padre del movimiento moderno del crecimiento de la iglesia, tenía cincuenta y siete años cuando publicó su primer libro sobre el tema, *The Bridges of God* (Los Puentes de Dios). A los sesenta y tres fue el decano fundador de la Escuela de Misiones Mundiales del Seminario Fuller. Tenía sesenta y seis cuando comenzó a publicar su *Global Church Growth Bulletin* (Boletín del Crecimiento Global de la Iglesia. A los setenta y dos años se publicó su obra fundamental, *Understanding Church Growth* (Una Comprensión del Crecimiento de la Iglesia). McGavran ha continuado hablando, enseñando y escribiendo aun cuando ha pasado de los ochenta años.

Dos misioneros renunciaron en 1974 después de servir durante catorce años en Africa Oriental. Este matrimonio esperaba ansiosamente un ministerio prolongado y tranquilo en su país

El Obstáculo de la Edad

luego de su jubilación. Pero en 1982, cuando el hombre tenía cincuenta y cinco años, dejaron a sus hijos y nietos y regresaron a dedicar, por lo menos, diez años más como misioneros evangelistas en Kenia. Nunca seremos demasiado viejos para servir al Señor —ni aun para la evangelización en otras culturas— por no decir nada de la evangelización en nuestra propia cultura.

Bill Harrill, uno de mis ex alumnos, fue conducido a Cristo por un joven de unos treinta años. Cuando este joven empezó a hablarle a Harrill, éste dijo: "Soy demasiado anciano." En ese entonces tenía cincuenta y seis años. No solo descubrió Harrill que no era demasiado viejo para ser salvo, sino que encontró que no era demasiado viejo para servir a Dios y tratar de que otras personas se salven. Una semana después de cumplir cincuenta y nueve años, se inscribió en el Seminario. Sus compañeros lo llamaban "el seminarista de oro."

Nunca es muy tarde para empezar a hacer la voluntad de Dios. He enseñado a dos hombres en sus años de ancianidad. Uno de ellos tenía más de ochenta años y estudiaba para obtener su segundo doctorado. El otro tenía más de setenta y se había jubilado de la administración de escuelas públicas.

Cierto viernes por la noche me encontraba en una reunión de laicos cristianos. Estábamos en un centro de conferencias y nos habíamos juntado después de la reunión para un momento informal de cantos y testimonios espontáneos. Una dama de mayor edad con cabellos grises, se puso de pie y dijo: "Gloria a Dios que uno nunca es demasiado viejo como para compartir su fe." Estoy totalmente de acuerdo. Un cristiano de mayor edad bien puede conducir a un joven a los pies de Cristo. Este es el testimonio que no tiene barreras generacionales.

Nunca Se Es Demasiado Anciano

Nunca piense que es muy viejo para hacer cosas que le interesan a usted y a otros. Quirl Thompson Havenhill, una dama de ochenta y seis años, repara su propio automóvil, un Dodge 1939. Construyó su casa con sus propias manos cuando tenía sesenta y cinco años. Confecciona algunas de las más hermosas y mejores colchas de su país. Cultiva la mayor parte de su propia comida. No contamina la buena tierra con basura que después debe ser retirada por un basurero.

¿Por qué Quirl, como todos la llaman afectuosamente, es tan buena en todo lo que hace? "Si usted hace planes con mucho cuidado, todo resultará bien", dice ella. "Cada cosa tiene su tiempo. Y cada cosa tiene una manera correcta de hacerse. Piénselo. Planifíquelo. Y le saldrá bien. Me gusta soñar con cosas que pueden ser posibles. Pero siempre me va mejor cuando de esas cosas posibles elijo las más probables."

Entre tanto que los cristianos de mayor edad tengan una visión de la gente perdida que se puede salvar, estarán soñando un sueño posible. Al igual que Quirl, pueden ser muy buenos y eficaces si planifican su testimonio y eligen la más probable de entre todas las posibilidades.

Julia Dillingham inventó un artefacto muy útil llamado "Llenar y Congelar", cuando tenía ochenta años. A la edad de ochenta y uno dijo: "Tengo confianza en mí misma. No hay nada en mi mente que yo quiera hacer y que tenga miedo de hacerlo." Los cristianos de edad avanzada que tienen confianza en sí mismos y fe en Dios, tampoco tendrán temor de probar cualquier método legítimo para compartir su fe.

Aquí va otra historia verídica. Walt Fredericks tenía cincuenta y siete años y era, él mismo lo admitía, gordo. ¡No podía salir de su bañera! Fredericks fue a su médico pensando que sería demasiado tarde para empezar un programa de mantenimiento de su cuerpo. Su doctor le aseguró que no era tarde y le puso un programa estricto de caminatas. Más tarde comenzó a trotar. A los sesenta y dos años Walt Fredericks corrió con éxito la Maratón de Boston. A los setenta seguía corriendo y lanzando la jabalina. Muy pocas veces es demasiado tarde para empezar a mejorar su cuerpo. Nunca es demasiado tarde para que los creyentes empiecen a mejorar las vidas de los demás seres humanos.

La barrera de la edad a menudo es una ilusión. Esta afirmación puede aplicarse tanto a los muy jóvenes como a los muy ancianos, y también a los intermedios. Así como Melquisedec, esto es sin principio de días y sin fin de días. Gail Sheehy, por ejemplo, descubrió que los obreros de la clase trabajadora se

El Obstáculo de la Edad

sienten en la edad media a los cuarenta años y se sienten viejos a los sesenta. Por el contrario, los empresarios ejecutivos y los profesionales se sienten llegar a la edad media a los cincuenta y no se sienten viejos hasta los setenta.

Abundan ejemplos modernos de cristianos de edad avanzada que han permanecido, o han llegado a ser, activos en el testimonio. Si estos cristianos jubilados pueden compartir su fe, usted también puede. Nunca será demasiado viejo para testificar de Jesucristo. Un evangelista murió en 1976 a la edad de 122. Había estado activo en su labor evangelizador hasta dos semanas antes de su muerte. "El Señor no me dio tiempo para jubilarme", dijo este evangelista de tanto tiempo en el último año de su vida.

Jubilados Sólo de Nombre

En el año 1982 Louis Harris y Asociados hicieron un estudio para la Asociación Nacional de Ancianos, titulado "La Vejez en la Década de los 80: Norteamérica en Transición." El estudio reveló que la mayoría de los jubilados no se quieren sentar a holgazanear. Los norteamericanos se jubilan sólo de nombre.

Louis Pell, de Nueva York, es un ejemplo que pone carne y sangre a ese estudio de Harris. Pell trató de jubilarse, a la edad de setenta y dos años, de su propia y floreciente empresa de plomería. "Eso duró sólo seis semanas", dijo Pell. "Me estaba yendo a la muerte. No podía dormir. Tampoco comía bien." Por último le dijo a su esposa que iba a volver a trabajar. Ella le respondió: "Eres demasiado viejo." Pero Pell consiguió un trabajo. Eso ocurrió hace trece años. A los ochenta y cinco seguía trabajando. Pell dice: "Yo miro a esos tipos jubilados de sesenta y cinco años y los veo dando vueltas sin hacer nada hasta que desaparecen. Ellos se están matando al no hacer nada."

Contrariamente a lo que muestran ciertos estereotipos, sólo el cinco por ciento de los norteamericanos de sesenta y cinco años para arriba viven en instituciones de algún tipo. Del noventa y cinco por ciento restante, sólo el catorce o quince por ciento necesitan compañía permanente. Eso deja un ochenta por ciento de ellos aún activos y capaces de seguir activos.

Algunos de estos jubilados están volviendo a estudiar. Una mujer de noventa y dos años con hijos, nietos, bisnietos y tataranietos, se graduó de la escuela secundaria en 1982. Su hijo, que era el Superintendente de Enseñanza Pública de esa ciudad, se jubiló de su puesto en julio de ese mismo año.

Cierto hombre regresó a la universidad a la edad de noventa y tres años. Cuando le preguntaron por qué había vuelto a estudiar a esa edad, contestó: "Es una buena manera de usar mi tiempo." Los jubilados tienen tiempo de sobra —muchísimo tiempo. ¿Qué mejor forma de usarlo que dar testimonio de Jesucristo?

Los jubilados tienen, a menudo, habilidades de mucho valor. Joseph Mazer, quien celebró sus cien años en 1974, fue cortador de diamantes, relojero, optometrista y joyero. Si no damos importancia a la amplia gama de habilidades que tienen los jubilados, estaremos descuidando una potencial mina de oro en talentos, habilidades y experiencia —mucho de lo cual se puede aprovechar en la labor de testificar.

Algunos jubilados todavía tienen mucha fuerza física. Considere a Zachariah D. Blackistone, un florista de la ciudad de Washington. Una vez le vendió flores a Teddy Roosevelt. Cuando celebró su 103 cumpleaños, seguía ocupado activamente en su negocio de flores, trabajando todos los días. Y lo que es más sorprendente, con sus 103 años sigue trotando unos 200 metros todas las mañanas antes de ir a su trabajo. Cualquier jubilado con esas energías tiene el poder físico y mental necesarios para ser un testigo eficaz de esas buenas nuevas que la Biblia llama "la dinamita" de Dios (ver Rom. 1:16).

Considere también a Larry Lewis, que falleció a los 106 años. Había sido un equilibrista de circo y el asistente del gran artista del escape Houdini. Lewis era verdaderamente un dinamo. Podía superar en caminatas y en carreras a hombres que tenían la mitad de su edad. Este hombre centenario corría más de diez kilómetros cada día en el parque de la ciudad. Podía correr cien metros en unos veinte segundos y boxeaba todos los días en el Club Olímpico: Lewis celebró su 102 cumpleaños corriendo 100 yardas en 17.3 segundos. "Cualquiera puede hacer lo que yo hice", dijo Lewis. "Nadie es demasiado viejo." Yo no estoy tan seguro de que cualquiera pueda hacer lo que hizo Lewis, pero sí creo que debemos aprovechar la gran reserva

El Obstáculo de la Edad

de energía que queda en los cristianos jubilados y usar esa energía para compartir a Cristo con los inconversos.

Se estima que en 1985 hubo en el mundo unos 270 millones de hombres y mujeres con sesenta y cinco años de edad o más. En algunas naciones los ancianos llegan a ser el veinte por ciento o más de la población.

El grupo de edad que crece más rápidamente en Norteamérica son los ancianos. Para el año 2000 serán el veinte por ciento de la población. En la actualidad son más del once por ciento. En 1900 sólo el tres por ciento de los norteamericanos tenía sesenta y cinco años o más.

Algunos de nosotros podemos asombrarnos al saber que en 1977 había en Norteamérica 9,400 centenarios, y en la Unión Soviética había 19,000. Algunos científicos rusos han llegado a expresar su opinión de que las personas pueden llegar a vivir 400 años o más.

Los creyentes de edad avanzada pueden ser los que mejor pueden acercarse a los demás adultos inconversos. Si la iglesia ha de mantenerse en el mismo ritmo que el de este grupo de crecimiento rápido formado por ciudadanos del mundo con sesenta y cinco años o más de edad, tendremos que movilizar a los jubilados del reino de Dios para que testifiquen con más perseverancia a sus compañeros.

El Factor Actitud

Swift puede haber estado en lo cierto cuando observó que ningún hombre sabio deseó jamás ser más joven. Esta es la razón por la que el columnista George F. Will escribió cuando cumplió cuarenta años: "Se dice que Dios nos dio el recuerdo para que podamos tener rosas en invierno. Pero también es verdad que sin el recuerdo no tendríamos un ser interior en ninguna estación del año. Cuantos más recuerdos uno tiene, se tiene más de 'uno mismo.'"

La actitud tiene mucho que ver con el hecho de superar el obstáculo de la edad con respecto al testimonio. Las personas se vuelven viejas al abandonar sus ideales. Los años pueden arrugar nuestra piel, pero la pérdida de interés puede arrugar nuestra alma. El general Douglas MacArthur dio voz a mis sentimientos cuando dijo: "Uno es tan joven como su fe; tan viejo como su duda; tan joven como su confianza en sí mismo; tan viejo como su miedo; tan joven como su esperanza; tan viejo como su desánimo."

Los investigadores del Centro Universitario Duke, en cuanto a un Estudio de la Ancianidad y el Desarrollo Humano, descubrieron una relación estrecha entre las actitudes psicológicas de la persona y su buen o mal proceder en sus últimos años. Ellos encontraron que un promedio alto de "felicidad" coincidía con una vida más prolongada. Con esto no se quiere negar la influencia de la dieta, las drogas o la manipulación de genes. Más bien, se afirma que el hecho de permanecer activos en alguna función social significativa afecta la longevidad de la gente en los niveles físico, psicológico y social.

Me inclino a pensar que no hay una función social o religiosa más significativa que la de ayudar a otros a encontrar sentido, propósito y realización en Jesucristo y su iglesia.

Algunas personas ven al mundo como un vaciadero gigante de basura, mientras que otras lo ven como la catedral de Dios. Medite por unos momentos sobre esta parábola moderna: La abuela regresó del templo vestida con su mejor ropa de domingo. Pero descendió de su automóvil llevando una gran bolsa de basura repleta de latas vacías de cerveza, botellas y envolturas de sándwiches.

—Pero, ¿qué está haciendo? —preguntó algo enojada su nieta.

—Estoy limpiando el camino —dijo la abuela, muy segura de sí misma—. Lo hago todos los domingos al salir del templo."

Cuando su nieta la miró con una expresión aun más asombrada, ella explicó:

—Para mí el mundo es la catedral de Dios, querida. Simplemente estoy limpiando mi banco.

Esa actitud que valoramos tanto en los testigos del Reino está representada en las personas que siempre están limpiando su banco en la catedral de Dios.

Conclusión

Quizá la vejez que necesitamos evitar más sea la aberración y la mutación religiosa de la progeria. La progeria es, como quizá

El Obstáculo de la Edad

usted ya sepa, una rara enfermedad de envejecimiento precoz que hace que un niño de ocho años sea fisiológicamente una persona de ochenta. Hace que sus víctimas queden detenidos en su desarrollo y se les llena de arrugas el rostro, adquiriendo un aspecto típicamente senil y, a menudo, resulta en la muerte en los años de la adolescencia.

En 1981, tres víctimas de progeria estuvieron en las titulares principales de los periódicos norteamericanos. ¡Qué cuadro! Niños de ocho y nueve años aparecían calvos, usando gorras, artríticos y se veían como si tuvieran ochenta o noventa años de edad.

Una sorpresa en todo esto fue que en cada uno de los tres casos, dos varones y una niña, sus familias respectivas pensaban que el suyo era el único caso de dicha enfermedad. Los dos varones se encontraron en Disneylandia y en seguida se hicieron amigos mientras exploraban ese hermoso mundo de la fantasía.

¿No sería fantástico si el mundo verdadero fuera un lugar como Disneylandia? Pero, he aquí, que el mundo verdadero es Bogotá, Africa del Sur y Texas. Progeria es una de esas realidades dolorosas que deben soportar algunos de los portadores de la imagen de Dios.

Aquellos que dicen: "Soy demasiado viejo para testificar" pueden estar afectados por un tipo de progeria religiosa. Pero, a diferencia de la progeria física, hay una medicina en el caso de la religiosa. Jesucristo es la única fuente de la juventud verdadera (ver Juan 10:10).

El salmista enlaza la ancianidad con la presencia de Dios para la proclamación de las obras maravillosas de Dios:

> No me deseches en el tiempo
>   de la vejez;
> Cuando mi fuerza se acabare,
>   no me desampares.
> Oh Dios, me enseñaste desde
>   mi juventud;
> Y hasta ahora he manifestado
>   tus maravillas.
> Aun en la vejez y las canas,
>   oh Dios, no me desampares,

Hasta que anuncie tu poder
a la posteridad,
Y tu potencia a todos los que han
de venir (Sal. 71:9, 17, 18).

Por último, si pensamos en los cincuenta años como el aniversario de oro de la vida, entonces quizá debemos llamar a todos los años que les siguen, los años dorados. A. T. Robertson supone que Pablo tenía alrededor de cincuenta años cuando comenzó su ministerio evangelizador y sesenta y cinco cuando terminó. Sea que tengamos cincuenta, sesenta y cinco, ochenta o cualquier edad, necesitamos reflexionar como lo hacía cierto profesor en una universidad frente a un reloj de arena que tenía sobre su escritorio, a medida que la arena caía rápidamente, él decía: "Lo que vas a hacer, es mejor que lo hagas pronto."

12
El Obstáculo de la Familiaridad y la Amistad

Objeción: "Soy demasiado cercano."

Enseñanza Escritural: *Cantar de los Cantares 1:6b;*
1 Pedro 3:1-6

Introducción

Nancy L. McAvoy conoció a Cristo en una campaña evangelizadora de Billy Graham en 1968. Su conversión fue la primera de una línea larga. Un año después, su hijo Marc y su hija Callie, de ocho y siete años respectivamente, confesaron su fe en Cristo una noche durante el culto familiar. A continuación, su esposo alcohólico fue salvo durante un estudio bíblico casero.

Poco después toda la familia McAvoy era cristiana. El hermano de Nancy y su familia aceptaron al Señor. Luego el hermano del esposo de Nancy, que estaba en la cárcel, entregó su corazón a Cristo. Por último, el hijo menor de Nancy, Danny, aceptó a Jesucristo.

Actualmente, el esposo de Nancy está completando su doctorado en teología, con el propósito de enseñar Biblia en alguna universidad o seminario. Este es el tipo de reacción en cadena que buscamos y muchas veces vemos en la evangelización auténtica. La conversión de una persona puede llevar a la salvación de toda la familia y aun a la de la familia más extendida.

Sin embargo, hay algunos entre nosotros que creen y enseñan que estamos demasiado cercanos a los de nuestra propia familia y amigos como para llevarlos a Cristo. Cuando regresé a casa después del conflicto en Corea en 1951 y comencé la universidad al año siguiente, estaba preocupado e interesado por la salvación de algunos de mis familiares y amigos. Algunos creyentes bien intencionados me convencieron de que yo estaba demasiado íntimamente relacionado con ellos y que sería mejor que otra persona condujera a mis seres queridos al Señor.

Yo había empezado a sentirme cómodo con la frase "Soy demasiado cercano", hasta que los eventos que siguieron me convencieron de que yo era la persona más indicada del mundo para conducir a mis seres queridos inconversos a Cristo. Esto sería especialmente cierto si uno es la primera generación de cristianos; es decir, si usted es la primera persona de su familia que cree en Cristo.

Cuanto Más Cercanos Mejor

Esta idea de que estamos demasiado relacionados con nuestros parientes y amigos como para compartir nuestra fe con ellos, ha empezado a cambiar hacia el lado exactamente opuesto. Algunos están sosteniendo con mucha firmeza que cuanto más profundas son nuestras relaciones, mejores son nuestras oportunidades de testificar.

Hay una frase en la Escritura que me aguijonea personalmente: "Me pusieron a guardar las viñas; y mi viña, que era mía, no guardé" (Cant. 1:6b). Sería muy triste y aun trágico para nosotros si atravesamos tierra y mar haciendo discípulos entre los extranjeros mientras descuidamos nuestro tesoro más preciado con nuestros amados, aquellos que están más cercanos a nuestro corazón.

Cuanto más cercanos seamos de los individuos inconversos, mejores serán nuestras posibilidades de ganarlos para el Señor.

El Obstáculo de la Familiaridad y la Amistad

Además, están empezando a amontonarse evidencias a favor de que cuanto más cercanos seamos de aquellos a quienes llevamos al Señor, mayores probabilidades existen de que sean miembros activos y responsables de la iglesia. Un estudio ha señalado que cuando el nuevo convertido ve a quien lo condujo a Cristo como amigo, ha habido un setenta y uno por ciento de probabilidades de que ese creyente nuevo llegue a ser un miembro activo y responsable de la iglesia. Por el otro lado, cuando el convertido nuevo ve al miembro de iglesia como si fuera otro vendedor, había un ochenta y cinco por ciento de probabilidades de que se alejara de la iglesia durante los siguientes seis meses.

Flavil R. Yeakley compartió los resultados de una investigación que muestra la importancia de la amistad en el proceso de ser un discípulo nuevo. El estudio identifica a 240 creyentes nuevos que actualmente son activos y están trabajando en sus iglesias. Además, se identificó a otro grupo de 240 personas a los que se podía clasificar como "alejados" (personas que habían tomado una decisión recientemente, pero que después habían desaparecido de la actividad de la iglesia). Se identificó a un tercer grupo de 240 personas formado por aquellos a quienes se les había presentado el mensaje del evangelio, pero que habían decidido rechazarlo.

En entrevistas individuales con estas 720 personas, se pidió a cada una que clasificara a la persona que le presentó el evangelio en una de las siguientes categorías: "amigo", "vendedor", "maestro". Los resultados mostraron conclusiones sorprendentes: los que vieron al miembro de la iglesia como "amigo" casi todos eran creyentes activos en sus iglesias (el noventa y cuatro por ciento). Por el otro lado, los que vieron al miembro de iglesia como un "vendedor" a menudo tomaron una decisión inicial, pero, después una gran cantidad de ellos la abandonó (el setenta y uno por ciento). Por último, los que vieron al miembro de la iglesia como un "maestro" generalmente mostraron la tendencia a no aceptar la invitación (el ochenta y cuatro por ciento diciendo "no, gracias").

Las implicaciones son claras. La persona inconversa que percibe su relación con ella como la de un "amigo", tiene más probabilidades de responder al amor de Cristo que la persona que considera que usted es un "maestro" —que le enseña en cuanto a doctrina, pecado y moralidad— o un "vendedor" —que lo quiere manipular hasta lograr "sacarle" una decisión.

El testigo que se preocupa más por coleccionar un número de personas ganadas que por hacer discípulos, está trabajando para lo que yo llamo "la evangelización de indios y vaqueros". El evangelista que se desespera por agregar un nombre más a su lista en vez de preocuparse por agregar un nombre al libro de la vida del Cordero, también está jugando a la "evangelización de indios y vaqueros".

Algunos llaneros solitarios pueden haber sido útiles para imponer la ley y el orden en el viejo oeste norteamericano. Pero los evangelistas del tipo "llanero solitario", que no están relacionados con alguna iglesia local ni procuran con diligencia que sus nuevos convertidos se unan a una iglesia local, son los que Pablo llama falsificadores de la palabra de Dios (2 Cor. 2:17).

Los cristianos somos una realeza, y debemos imitar a nuestro Rey Jesucristo, en vez de actuar como vendedores ambulantes o mercachifles. ¿Acaso no existe un mito en cuanto a una rana que, después que la hermosa doncella la besó, se transformó en un príncipe muy bien parecido? La conversión es el proceso de transformar ranas en príncipes y princesas. Dios nos besa con el amor de su Hijo y nos transforma en nuestra verdadera personalidad. Las personas inconversas son como si estuvieran bajo un encanto; es como si tuvieran una maldición sobre ellos. No han llegado a ser lo que el Creador quiso que fueran. La conversión genuina es el proceso que nos devuelve a nuestra posición original de realeza. Los cristianos somos todos príncipes y princesas de Dios. Somos un reino de sacerdotes que reinamos con Dios sobre su creación.

La evangelización debe ser una actividad ética. En el mejor de los sentidos, es un compromiso entre amigos, una confrontación relacional y de diálogo donde se habla la verdad en amor. La persuasión sensible es más convincente cuando ocurre en el contexto de una presencia cristiana y una proclamación acertada del reino de Dios.

Los Puentes de Dios

Una forma segura de vencer el obstáculo de la amistad es considerar esa intimidad y cercanía como puentes naturales de Dios. Las relaciones naturales de parentesco, amistad y asociación son los puentes a través de los cuales Dios elige acercarse a las vidas de las personas en todo lugar. Si nosotros vamos a compartir el evangelio con sonido de trompeta, notemos que las trompetas más fuertes y claras que Dios nos brinda son nuestras relaciones más íntimas.

He aquí una historia fantástica de cómo Dios obró a través de la vida y el testimonio de un hombre: Henry Bilbrey. El se convirtió al Señor en octubre de 1979, cuando tenía treinta y siete años. Jesucristo revolucionó la vida de Bilbrey. El había sido introvertido e indiferente a los demás. Trabajaba como operario de turno en una gran fábrica.

Después de su conversión, este creyente nuevo condujo a diecisiete de sus vecinos y amigos a la fe en Cristo y a otros cuatro a unirse a la iglesia por transferencia de una iglesia a otra. Bilbrey aprovechó cada momento disponible para testificar a otros. Comenzaba muy temprano, a las seis de la mañana, y continuaba hasta muy tarde en la noche. Cinco meses y medio después de su conversión, falleció repentinamente de un ataque al corazón.

Dos hombres a quienes Bilbrey había hablado del evangelio aceptaron a Cristo en su funeral. Al domingo siguiente, otras dos personas confesaron su fe en Cristo. Aquellos que lo conocieron dicen que Bilbrey, literalmente, ganó a todos los de su barrio para Cristo.

Su influencia era tan poderosa que aun después de muerto continuó hablando. En el mes siguiente de la muerte de Bilbrey treinta personas se unieron a la iglesia como resultado de su influencia continua. También se encontraron dos cuadernos suyos que contenían los nombres de treinta y seis personas por las que había estado orando, algunas de las cuales había llegado a visitar. Los amigos y vecinos con los que había trabajado expresaron el deseo de continuar su ministerio con estas treinta y seis personas. Esta historia asombrosa todavía no ha finalizado y no terminará hasta que Dios mismo termine de dejar asentados todos los informes en el juicio.

El mismo Dios que entró a las vidas de tantas personas mediante la vida y el testimonio de Henry Bilbrey quiere entrar a través de usted y de mí a las vidas de nuestros amigos perdidos, nuestros vecinos y nuestros familiares. "El testimonio más efectivo", escribió Rosalind Rinker, "es ese testimonio natural de amigos que han encontrado el Camino. Amigos que pueden hablar con calma, serenidad, y aun casualmente de Cristo y de la diferencia que él representa en la vida."

A. C. Archibald ha dicho: "Las amistades gloriosas y fervientes siguen siendo la mejor forma de alcanzar a la juventud. Las amistades arruinan a muchos de ellos; pero también pueden salvarlos." Cada vez más, descubrimos que esto mismo se aplica a los adultos.

Si no tenemos ningún amigo inconverso, debemos buscarnos uno. "Si el hombre no conoce a otras personas mientras avanza por la vida", dijo Samuel Johnson en 1775, "pronto descubrirá que se queda solo. El hombre... debe mantener en buenas condiciones a sus amistades". El cristiano que tiene la intención firme de testificar debe doblemente tomar en serio el consejo de este gigante de la santidad e intelectualidad.

Al referirse a la iglesia en China, David Adeney dice: "La forma básica de evangelización es mediante la amistad personal por la cual se comparte el evangelio con familiares y amigos." Adeney también cree que el testimonio de la oración contestada, como en la sanidad de un enfermo, ha llevado a muchos a la fe en Cristo.

Los que están más cercanos a nosotros son los que, generalmente, pueden herirnos o ayudarnos más. Esto fue así en la familia de Jesús. "Si cada persona en el mundo supiera lo que los demás dicen de las demás personas", dijo Pascal, "no quedarían ni cuatro amigos en el mundo". La amistad es algo por lo cual realmente tenemos que luchar.

El saber a veces se interpone en el camino del conocimiento para testificar. Hasta puede oponerse al mismo conocimiento. Para la mujer de Samaria, cuyo relato aparece en Juan 4, fue muy difícil conocer quién era Jesús porque ella conocía otra cosa

El Obstáculo de la Familiaridad y la Amistad

en cuanto a los judíos. De la misma manera, a nosotros se nos puede hacer difícil conocer a cierto negro en particular, porque conocemos a los negros, o conocer a un coreano en particular porque conocemos a los coreanos, o conocer a cierto amigo en particular porque conocemos a los amigos, etc. Sospecho que algo del conocimiento que tenemos de nuestros amigos y familiares a menudo se interpone a otro conocimiento de ellos, y esta es una razón por la que algunos tenemos dificultad en considerar la amistad y la familiaridad como los puentes de Dios. Nuestro saber desagradable de ellos, por decirlo así, nos bloquea mentalmente impidiéndonos un conocimiento más agradable.

El texto griego de Juan 4:9 muestra claramente que los judíos no tenían tratos *amistosos* con los samaritanos. Uno debe tratarse con los demás, aunque a éstos no les gustemos. Si nuestras relaciones con los familiares, amigos y compañeros de trabajo son los puentes naturales para el avance del evangelio, debemos esforzarnos por establecer relaciones amistosas con ellos.

El Momento Oportuno de Dios

Rinker tiene razón en cuanto a seguir el momento oportuno de Dios cuando testificamos a los amigos. Podemos encontrar el momento oportuno de Dios mediante el arte de escuchar, preguntar y expresar declaraciones que provocan el pensamiento, de acuerdo con Rinker.

Quizá el siguiente ejemplo nos ayude a ver el momento oportuno de Dios mediante el arte de escuchar. Una mujer, miembro de una iglesia bautista, se estaba apurando para terminar su trabajo en la oficina para poder llegar a una clase nocturna de evangelización. Una de sus compañeras le preguntó por qué estaba tan apurada. Ella le explicó que estaba tomando una clase para aprender a compartir su fe de manera que pudiera hablar a otros del Señor. La compañera respondió: "Necesitas compartirla aquí."

Eso le hizo reflexionar y más tarde la que era miembro de la iglesia la esperó junto al reloj de marcar la tarjeta para preguntarle si realmente pensaba así. Cuando la compañera respondió afirmativamente, la persona que se estaba entrenando en evangelización la llevó a un lugar privado y allí la condujo a los pies de Cristo. El siguiente domingo por la noche, la cristiana nueva hizo su profesión pública de fe.

En nuestros días y en nuestra cultura, parece que cada vez más nos dedicamos a jugar al juego de hablar solamente de lo pésimo que está el tiempo, o la economía o la situación laboral. Cuando nuestros amigos o familiares comienzan a hablar así, sería un momento oportuno para introducir la declaración para provocar el pensamiento: "¡Ustedes hablan como si Dios estuviera muerto!"

Detrás de esta afirmación hay muchas cosas que usted ha aprendido. Le está dando a sus amigos algo en qué pensar. Dios está vivo y su presencia significa la diferencia. Una afirmación así, cuando se dice en el momento y con el tono correctos, puede ganarle la apertura que usted está buscando para hablar de la esperanza que está dentro de usted.

El momento oportuno de Dios está calibrado a las necesidades de los individuos y de las familias. Nicodemo vino a Jesús movido por un sentido profundo de necesidad (ver Juan 3:1-15). El oficial cuyo hijo estaba enfermo quería desesperadamente verlo sano (ver Juan 4:46-54). Jesús se ocupó de satisfacer las necesidades reales de la gente del primer siglo. Probablemente no nos apartaremos del momento oportuno de Dios si imitamos a Jesús en este aspecto.

El novio de Jean murió en un accidente automovilístico. Ella vivía en un pabellón de enfermeras. La mayoría de sus compañeras hablaban en voz baja y caminaban en puntas de pie al pasar frente a su puerta. Jean estaba preparando su ropa y alistándose para ir al funeral.

María no pudo pasar por su puerta sin identificarse de alguna manera con Jean. Ella golpeó la puerta. "Todo lo que pude decirle", comentaba María después, "era que comprendía porque yo había perdido a mi papá hacía poco tiempo." Además, María agregó: "Sé que no puedo hacer mucho para ayudarte, pero conozco a Alguien que sí puede. Prueba el orar a él. Eso me fue de ayuda cuando ya no podía más."

Cuando regresó del funeral, Jean buscó inmediatamente a María. "Tú fuiste la única en todo el pabellón que entró en mi

El Obstáculo de la Familiaridad y la Amistad

habitación después de que yo recibí el telegrama", dijo Jean. "Quisiera conocerte mejor. Tú fuiste amable conmigo. Seguí tu consejo; oré y me ayudó."

Al nacer esa amistad, María compartió el evangelio con Jean y esta joven se hizo discípula de Aquel que prometió que un día enjugaría todas nuestras lágrimas. Si nosotros obramos así, siguiendo el momento oportuno de Dios al satisfacer las necesidades de nuestros amigos y seres queridos, podremos vencer el obstáculo de la familiaridad y la amistad al compartir nuestra fe. El amor *agape* es algo que hacemos.

Conclusión

Hay tres cosas más que quiero decir. Primera, mi experiencia y observación me han enseñado algunas ayudas adicionales que quiero compartir con ustedes para vencer el obstáculo de la familiaridad y la amistad:

- Busque algo que interese al otro, o un punto de identificación. Estos son puntos de iniciación.
- Muéstrese siempre abierto hacia los demás.
- Esto lleva tiempo; por lo tanto, no se desanime.
- Ore diariamente por ellos.
- Hágales saber que usted se interesa sinceramente en ellos. Esto es *agape*.
- Visite a personas nuevas en el barrio.
- Hágales saber que usted también es humano.
- Use las puertas que Dios le abre en su trabajo.

Segunda, cuando pronuncio la objeción: "Soy demasiado cercano", esto puede revelar la necesidad de un cambio radical y de asemejarme más a Cristo en mi propia vida. Eso puede decirme que necesito caminar mejor con Cristo, para que este caminar concuerde más con mi hablar.

Tercera, medite en la siguiente historia y permita que ella le guíe: Hace muchos años, vivió en Inglaterra un buen predicador llamado John Holden. Cierto día, cuando anochecía en la aldea donde vivía, toda la gente empezó a correr hacia la orilla del mar. Allí los hombres se proveyeron de botes de remos y se introdujeron en el mar, dirigiéndose hacia un barco que había zozobrado. Cada uno de esos pequeños botes salía y regresaba trayendo a la orilla a aquellos que habían sido arrojados a las aguas heladas.

Cuando el último bote estaba regresando, John Holden gritó desde la orilla al remero: "¿Trajiste al último?"

Desde el pequeño bote vino la respuesta: "Creo que queda uno más, pero no lo puedo encontrar."

Inmediatamente, John Holden comenzó a prepararse para salir en su propio botecito. Su madre se aferró a él y le dijo: "¡Oh, hijo! Está muy obscuro y hay niebla. ¡No vayas! Puede ser que no regreses."

John Holden dijo: "Madre, te amo. Pero tengo que ir allá."

Después de lo que pareció un tiempo interminable, pudo divisarse el pequeño bote de John Holden entre la niebla y la obscuridad de la noche. Alguien gritó desde la orilla: "¿Lo encontraste? ¿Había alguno más allí? ¿Lo encontraste?"

"Sí, lo encontré; y díganle a mi madre que es mi hermano."